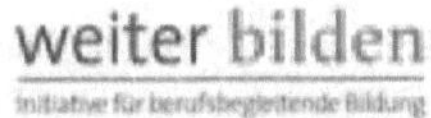

Kristine Baldauf-Bergmann/Nadja Cirulies (Hg.)

Personalentwicklung in Hochschulen

Dokumentation der SEWKHO-Fachtagung am 21. November 2013 an der BTU Cottbus-Senftenberg

SEWKHO – Personalentwicklung in Hochschulen: Hochschulverbundprojekt
„Strukturentwicklung von Weiterbildungskulturen an Hochschulen"

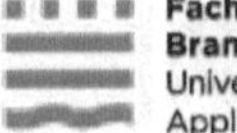

Gefördert durch:

Das Projekt SEWKHO wird im Rahmen des Programms „weiter bilden" durch das Bundesministerium für Arbeit und Soziales und den Europäischen Sozialfonds gefördert.

Verlag: tredition GmbH, Hamburg

ISBN
Paperback   978-3-7323-1759-2
Hardcover   978-3-7323-1760-8
e-Book   978-3-7323-1761-5

Printed in Germany

Inhalt

Abbildungen

Editorial

Von Kristine Baldauf-Bergmann/SEWKHO

Personalentwicklung an Hochschulen wurde 2007 noch als Weg in ein unentdecktes Land beschrieben (Schmidt 2007). Zwar arbeiteten die verschiedenen
Beschäftigtengruppen an Hochschulen am Aufbau und der Weiterentwicklung
von Kompetenzen, Wissen und Können, Techniken und Methoden, Fertigkeiten
und Fähigkeiten und entwickelten dazu auch permanent ihre eigenen Kompetenzen, doch geschehe dies häufig eher beiläufig, unsystematisch und personen-
gebunden (Schmidt 2007:125):

- Studierende erwerben fachspezifische Grundlagen und Wissen, mit Blick auf
  spätere berufliche Tätigkeiten.
- Wissenschaftler_innen entwickeln Konzepte, Methoden und Instrumente,
  erweitern das Wissen in ihrem Fachgebiet, stellen Drittmittelanträge, for-
  schen und lehren.
- Hochschulleitungen, die Administration und die Service- wie Fördereinrichtungen tragen dazu bei, die Prozesse der Kompetenzentwicklung in einem
  institutionellen Rahmen zu organisieren und finanzieren und diesen Rahmen
  zu diesem Zweck stetig fortzuentwickeln.

In dieser Situation liegen in einer gezielten und bewusst betriebenen Personalentwicklung noch viele Potenziale, die es an Hochschulen – zumindest aus der

Sicht von 2007 – zu entdecken und zu erkunden gelte (vgl. auch Pellert/ Widmann 2008). Eine zentrale Frage lautet (Schmidt 2007 ebd.):

> Wie kann die Hochschule die ohnehin tagtäglich und ganz selbstverständlich stattfindende Personalentwicklung in einer solchen Weise gestalten, organisieren und mit einer Richtung versehen, dass Personalentwicklung der Institution Hochschule und den an ihr beteiligten Menschen hilft, individuellen und gesellschaftlichen Zukunftsanforderungen gerecht zu werden?

Mittlerweile stellt sich die Lage hinsichtlich systematischer Personalentwicklung an Hochschulen als heterogen dar. So wird seit 1996 an der Universität Bremen eine hochschulweite Personalentwicklung, die sich an alle Beschäftigtengruppen richtet, entwickelt. Andere Hochschulen wie Bochum, Darmstadt, Dortmund, Halle und Wissenschaftseinrichtungen wie das Karlsruher Institut für Technologie (KIT) haben hier nachgezogen. Speziell für die Wissenschaftler_innen der Ludwig-Maximilians-Universität München wurde im Rahmen der Exzellenzinitiative im Jahr 2007 das Center for Leadership and People Management (CLPM) gegründet, ein Forschungs-, Trainings- und Beratungsinstitut, das Personalentwicklungsmaßnahmen in den Bereichen Selbst-, Führungs- und Lehrkompetenzen anbietet.

Für die Gruppe der Nachwuchswissenschaftler_innen jedoch weist eine Studie des Stifterverbandes und des HIS-Instituts für Hochschulforschung einen deutlichen Verbesserungsbedarf hinsichtlich der Personalentwicklung an ihren Hochschulen nach. Nur jede_r vierte Nachwuchswissenschaftler_in bewertet die Förderung überfachlicher Kompetenzen als gut, und nur jede_r siebente Nachwuchswissenschaftler_in bestätigte, bei der beruflichen Orientierung von den zentralen Einrichtungen der Hochschulen gut unterstützt zu werden. Auch das Gütesiegel für gute Personalentwicklung im Bereich Forschung „HR Excellence in Research" wurde bis Ende 2012 zwar von 100 Hochschulen in Europa, aber noch von keiner deutschen Hochschule geführt.

Diese Ergebnisse sind erstaunlich, denn viele Wissenschaftseinrichtungen haben der Personalentwicklung für Nachwuchswissenschaftler in den vergangenen Jahren nicht nur eine hohe Priorität gegeben, sondern auch mehr Mittel in diesen Bereich investiert (Briedis u. a. 2013:8).

Nicht zuletzt zeigt der „Thementag Personal- und Organisationsentwicklung für Hochschulen für angewandte Wissenschaften 2013"[1] der Arbeitsgemeinschaft Hochschulkanzler e. V., wie wichtig die weitere Professionalisierung der Personalentwicklung in der deutschen Hochschullandschaft genommen wird.

Situation der Personalentwicklung an brandenburgischen Hochschulen

Auch im Land Brandenburg gibt es an den Hochschulen noch keine systematische, strukturell verankerte Personalentwicklung. Die bisherigen Weiterbildungsmaßnahmen zu Themen der Personalentwicklung an den brandenburgischen Hochschulen beziehen sich im Wesentlichen auf zwei Bereiche:

1. Allgemeine Angebote

- *einzelne Weiterbildungsangebote an den Hochschulen zur Qualifizierung in den persönlichen Kompetenzen (z. B. Konfliktmanagement, Zeitmanagement, Arbeitsorganisation, Teamarbeit)*
  Diese Angebote werden bisher noch unsystematisch, temporär oder nur für bestimmte Gruppen (z. B. Nachwuchswissenschaftler_innen, Promovierende) auf angenommenen Bedarf hin organisiert.
- *Mitarbeitendengespräche (MVG)*
  Diese sind zwar im Tarifvertrag für den öffentlichen Dienst der Länder allgemein als Aufgabe enthalten, die Häufigkeit und fachliche Kompetenz der Durchführung ist jedoch abhängig von dem persönlichen Engagement der Professoren und Professorinnen.

---

1 Vgl. http://www.kanzlernet.de/start/arbeitskreise/ak-fop/thementag-personal-und-organisationsentwicklung-fuer-hochschulen-fuer-angewandte-wissenschaften-2013.html [19.11.2014].

2. Bereichsspezifische oder zielgruppenspezifische Angebote

- *das Weiterbildungsprogramm „Hochschulmanagement für Führungskräfte"*
  Diese Weiterbildungen werden in einem frei zusammengeschlossenen Verbund von Universitäten in Berlin und Brandenburg angeboten[2]. Themen sind verschiedene Aspekte von Leitungsaufgaben (z. B. Team-, Konfliktmanagement, Selbstmarketing für Führungskräfte, Projektmanagement, Mitarbeiterführung). Die Themen richten sich an einzelne interessierte Personen aus den Hochschulen des Verbundes.

- *das Fortbildungsprogramm für die Mitarbeiter_innen der öffentlichen Verwaltung*
  Das Programm wird an der Landesakademie für öffentliche Verwaltung des Landes Brandenburg (LAköV)[3] für die Mitarbeiter_innen der Landesverwaltung einschließlich der Führungskräftefortbildung zu wichtigen und aktuellen Themen des Verwaltungshandelns und -managements, zu Führung und zur Entwicklung individueller Kompetenzen offeriert. Die Weiterbildungen sind in der Regel nicht auf die besonderen Themen und Probleme der Verwaltung an den Hochschulen spezifiziert.

- *das Fortbildungsprogramm im Bereich IT für Mitarbeiter_innen des technischen Personals*
  Das Programm richtet sich an alle öffentliche Behörden und wird vom brandenburgischen IT-Dienstleister ZIT-BB angeboten.[4] Die Angebote beziehen sich ausschließlich auf EDV-Hardware und EDV-Anwendungsprogramme.

---

2   Vgl. http://www.fu-berlin.de/sites/weiterbildung/ weiterbildungsprogramm/ hv/hochschulmanagement/ [19.11.2014].
3   Vgl. www.lakoev.brandenburg.de [19.11.2014].
4   Vgl. www.zit-bb.de [19.11.2014].

Das Projekt SEWKHO – Personalentwicklung an vier brandenburgischen Hochschulen

Im Projekt „Strukturentwicklung von Weiterbildungskulturen an Hochschulen" (SEWKHO) haben sich vier brandenburgische Hochschulen zusammengeschlossen (Fachhochschule Brandenburg, Fachhochschule Potsdam, Technische Hochschule Wildau [FH]), Brandenburgische Technische Universität Cottbus-Senftenberg)[5], um Personalentwicklungsstrukturen langfristig zu verankern und die Weiterbildungsbeteiligung zu erhöhen. Die Hochschulen wollen zukünftig systematisch Maßnahmen für eine strukturierte Personalentwicklung anbieten, die sowohl an den Zielen des Managements als auch an den Interessen und Motivationen der Mitarbeitenden ansetzen. Dabei orientiert sich das Projekt an folgender Definition: Personalentwicklung kann beschrieben werden als

> die Summe der Maßnahmen, die systematisch, positions- und laufbahnorientiert eine Verbesserung der Qualifikationen der Mitarbeiter/innen zum Gegenstand haben mit der Zwecksetzung, die Zielverwirklichung der Mitarbeiter/innen und des Unternehmens zu fördern. (Conradi 1983:3)

Das ESF-geförderte Projekt hat im November 2012 begonnen und läuft bis Dezember 2014. Ausgangspunkt des Projektes ist das Wissen darum, dass die Hochschulen in der Bundesrepublik Veränderungsprozessen mit tiefgreifenden Auswirkungen auf Beschäftigte und Strukturen gegenüberstehen wie

- steigender Anteil unerwünschter Befristung und Teilzeitarbeit,
- hohe Fluktuation und steigende Anzahl von befristeten Drittmittelstellen,
- Schnittstellenprobleme, Arbeitsverdichtung und steigende Krankenstände,
- Frustrationen und konfliktbeladene Kommunikationen sowie
- Wissensabwanderung in Zeiten verstärkten demografischen Wandels.

---

5   Im Folgenden abgekürzt: FH Brandenburg, FH Potsdam, TH Wildau und BTU Cottbus-Senftenberg.

Vor dem Hintergrund der anstehenden Herausforderungen für die Hochschulen sind tiefgreifende Reformen nicht vermeidbar. Dies trifft häufig auf schlecht ausgebildete Personalentwicklungsstrukturen und fehlende Weiterbildungskulturen für konkrete Bedarfe vor Ort. Veränderungsmanagement jedoch kann nur dann erfolgreich sein, wenn Mitarbeitende und Führungskräfte an der Umgestaltung beteiligt werden.

Personalentwicklung (PE) enthält alle Instrumente zur Bewältigung von Veränderungsprozessen auf individueller, Team- und Leitungsebene. Sie beinhaltet nicht nur fachliche Weiterbildung, sondern auch Gesundheitsmanagement, Qualitätsmanagement, Team- und Prozessqualifizierungen sowie die Führungskultur. Konkrete Herausforderungen einer nachhaltigen Personalentwicklung sind:

- die Etablierung regelmäßiger Bedarfs- und Potenzialanalysen,
- der Ausbau von hochschulspezifischen Personalentwicklungsinstrumenten und deren erhöhte Nutzung,
- die Herstellung größerer Passgenauigkeit bei Weiterbildungsangeboten,
- die Erleichterung des Zugangs der Mitarbeitenden zur Weiterbildung,
- die Einführung Kollegialer Beratung durch langfristig eingesetzte „Bildungscoaches" und
- die Weiterentwicklung einer hochschulgemäßen Führungskultur.

Die Fachtagung „Personalentwicklung in Hochschulen"

Die Fachtagung „Personalentwicklung in Hochschulen – Verankerung nachhaltiger Strukturen – Erfahrungen und Best Practice im Vergleich" fand am 21.11.2013 in Cottbus statt. Die Personalentwicklungsansätze an Hochschulen sind höchst unterschiedlich ausgeprägt. Anliegen der Tagung war es deshalb, eine Plattform für den Dialog unter den Verbundhochschulen von SEWKHO sowie für den Austausch mit externen Experten und Expertinnen zu bieten: Teilgenommen haben entsprechend nicht nur die Hochschulangehörigen sowie Akteure und Akteurinnen der Verbundhochschulen (BTU Cottbus-Senftenberg, FH

Brandenburg, FH Potsdam, TH Wildau), sondern auch Interessierte, die sich mit Personalentwicklung an Hochschulen beschäftigen.

Inhaltlich stand der Austausch zur Personalentwicklung an brandenburgischen Hochschulen im Fokus, der mit dem Vortrag einer externen Referentin eröffnet, in der Podiumsdiskussion debattiert und anhand von Praxisberichten aus den SEWKHO-Verbundhochschulen vertieft wurde.

Die Begrüßungsrede hielt Wolfgang Schröder (Kanzler der BTU Cottbus-Senftenberg), gefolgt von einigen einführenden Gedanken zur Personalentwicklung an Hochschulen durch Jörg Cirulies (Geschäftsführer ABF e. V.).

Bettina Donnermann (Referat Personalentwicklung/Universität Bremen) nahm mit ihrem Auftaktvortrag „Gemeinsam Zukunft gestalten durch Personalentwicklung – Erfahrungen aus fast zwanzig Jahren Personalentwicklung an der Universität Bremen" das Publikum für die Möglichkeiten und Chancen ein, die mit dieser Aufgabe verbunden sind.

Die Podiumsdiskussion zum Thema „Personalentwicklung zwischen Innovationsdruck und Ressourcenknappheit" mit Gerlinde Reich (Kanzlerin der FH Potsdam), Ulrike Tippe (Vizepräsidentin für Studium und Lehre der TH Wildau), Andreas Wilms (Vizepräsident für Lehre und Internationales an der FH Brandenburg) und Matthias Neis (ver.di) moderierte Eva Herbst (ABF e. V.).

Am Nachmittag fanden Fachforen zu vier Handlungsfeldern der Personalentwicklung statt, in denen Beispiele und zentrale Gestaltungsfragen aus der Praxis vorgestellt und hochschulübergreifend diskutiert wurden:

Forum 1 – Gesundheitsmanagement: Was soll Gesundheitsmanagement im Kontext von Arbeitsverdichtung, befristeter Beschäftigung und demografischem Wandel an Hochschulen leisten? An welchen Brennpunkten soll es ansetzen und wie kann es nachhaltig implementiert werden?

Forum 2 – Qualitätsmanagement: Qualitätsmanagement bedeutet weit mehr als nur die Qualität der Lehre! Welche Felder umfasst ein ganzheitliches Qualitätsmanagement an Hochschulen? Was haben ein wirksames Qualitätsmanagement und strategische Personalentwicklung miteinander zu tun?

Forum 3 – Bedarfsanalysen und Weiterbildung: Wie können individuelle und organisationale Entwicklungspotenziale sowie Weiterbildungsbedarfe ermittelt werden? Wie können bedarfsgerechte Angebotsformen konzipiert und nutzerspezifisch bereitgestellt werden?

Forum 4 – Führungskulturen und Lean Management: Wenn Hochschulen sich in Leitbild, Selbstverständnis und in den Organisationsstrukturen verändern – was bedeutet das für die Führungskultur und das Führungshandeln? Welche Herausforderungen stellen sich in den verschiedenen Bereichen wie z. B. Forschung, Lehre oder Verwaltung?

In diesem Band finden Sie die Beiträge zum Tagungsprogramm sowie den Extrakt der Podiumsdiskussion. Insbesondere die Impulsvorträge zu den Foren geben aktuelle Einblicke in den Stand der Entwicklung an den brandenburgischen Hochschulen zu den Themen Gesundheitsmanagement, Qualitätsmanagement, Bedarfsanalysen und Weiterbildung sowie zu Führungskulturen.

Potsdam, den 15.12.2014   Kristine Baldauf-Bergmann

Literatur

Briedis, K., Jaksztat, S., Schneider, J., Schwarzer, A., Winde, M. (2013): *Personalentwicklung für den wissenschaftlichen Nachwuchs. Bedarf, Angebote und Perspektiven – eine empirische Bestandsaufnahme*. Kurzfassung, Essen

Conradi, W. (1983): *Personalentwicklung*. Stuttgart

Pellert, A., Widmann, A. (2008): *Personalmanagement in Hochschule und Wissenschaft*. Studienreihe Bildungs- und Wissenschaftsmanagement, herausgegeben von Anke Hanft, Band 9, Münster

Schmidt, B. (2007): „Personalentwicklung an der Hochschule. Zehn Wege in ein unentdecktes Land", in: *die hochschule. journal für wissenschaft und bildung* 16 (2), 125–153

Gemeinsam Zukunft gestalten durch Personalentwicklung – Erfahrungen aus fast zwanzig Jahren Personalentwicklung an der Universität Bremen

Von Bettina Donnermann/Universität Bremen

Personalentwicklung an Universitäten und Hochschulen ist eines der zentralen Gestaltungsfelder, um vor dem Hintergrund der immer schneller fortschreitenden technologischen Entwicklung den anstehenden Herausforderungen konstruktiv und zukunftsorientiert zu begegnen.

Die Aufgabe von Personalentwicklung an Hochschulen

Unterfinanzierung in der Grundausstattung und zunehmende Arbeitsverdichtung durch Personalabbau kennzeichnen seit Jahren die universitären Arbeitsbedingungen. Aufgrund dieser Rahmenbedingungen ist eine gezielte und systematische Personalentwicklung geradezu unverzichtbar, da nur motivierte und leistungsorientierte Mitarbeiter_innen diesen hohen Anforderungen fortwährend gerecht werden können. Die Personalentwicklung unterstützt daher kontinuierlich die Kompetenzentwicklung aller Wissenschaftler_innen und nichtakademischen Mitarbeiter_innen in der Universität.

Strukturelle Verankerung und Strategiebildung der Personalentwicklung

Die Personalentwicklung der Universität Bremen ist seit Mitte der neunziger Jahre ein fester Bestandteil des Personalmanagements. Sie wurde im Rahmen eines Förderprogramms der VW-Stiftung in der Zentralverwaltung implementiert und ist im Dezernat für Organisation, Personalentwicklung, IT und Zentrale Dienste verortet.

Im Jahr 1996 wurde eine Personalentwicklungsarbeitsgruppe unter Leitung des Kanzlers der Universität Bremen gegründet. Mitglieder sind der Kanzler, der verantwortliche Dezernent, die zentralen Personalentwickler_innen, die Frauenbeauftragte für den nichtwissenschaftlichen Bereich sowie drei Mitglieder des Personalrats. Durch die Zusammensetzung der Personalentwicklungsgruppe wird die aktive Mitwirkung der Frauenbeauftragten und des Personalrats im Steuerungsprozess frühzeitig gesichert.

In dieser Arbeitsgruppe erfolgt die strategische Abstimmung und Steuerung von zentralen Personalentwicklungsprojekten und Förderprogrammen. Die vollständige Legitimation aller Personalentwicklungsmaßnahmen durch die Universitätsleitung und die Interessenvertretungen hat sich zudem als erfolgreiche Strategie bewährt. Sie befördert seit vielen Jahren einen intensiven Kommunikationsprozess zwischen den Mitgliedern und gewährleistet eine ausgesprochen erfolgreiche Umsetzung von zahlreichen Personalentwicklungsmaßnahmen. Darüber hinaus erfährt die Personalentwicklung durch diese Konstruktion eine strukturelle Aufwertung und einen verbesserten Zugang zu den verschiedenen Statusgruppen wie z. B. zu den akademischen Führungskräften.

Zentrale Erfahrungen mit Personalentwicklung an der Universität Bremen

- Personalentwicklung ist ein im hohen Maße kommunikatives Geschäft und erfordert einen „langen Atem". Erfolge zeigen sich oft nicht kurzfristig, manchmal erst Jahre später, z. B. in der Führungsnachwuchskräfteentwick-

lung. Sie ist nachweislich erfolgreich, wenn sie kontinuierlich und als Daueraufgabe an der Universität verankert wird.

- Die in der Startphase etablierten Strukturen und Strategien haben sich bewährt. Die Personalentwicklungsgruppe ist ein Garant für eine erfolgreiche
  Umsetzung von Personalentwicklungsprogrammen, da sie von allen Beteiligten aktiv mitgetragen werden.

- Im Rahmen der Personalentwicklungsgruppe sollte ein schlüssiges Personal-
  entwicklungskonzept abgestimmt werden, das die wesentlichen Ziele der
  Personalentwicklung beschreibt und aufgrund einer ausgefeilten Strategie
  die zentralen Handlungsfelder priorisiert.

Kommunikation und Beteiligung als Schlüsselfaktoren

Personalentwicklung lebt von einem intensiven Austausch zwischen der Universitätsleitung und den verschiedenen Fachkulturen und Statusgruppen. Fördermaßnahmen und -programme müssen gut begründet und breit kommuniziert
werden, um Akzeptanz zu finden. Aus diesem Grund sollten zentrale Maßnahmen durch eine intensive Öffentlichkeitsarbeit begleitet und unterstützt werden,
z. B. im Rahmen von Personalversammlungen und unter Nutzung von inneruni-
versitären Veröffentlichungen, Pressestelle und Intranet.

Ein weiterer wichtiger Aspekt ist die Einbeziehung der Führungskräfte in die
Personalentwicklung ihrer Mitarbeiter_innen. Die Kandidaten und Kandidatin-
nen für die Förderprogramme werden in der Personalentwicklungsgruppe diskutiert und als Vorschlag des Kanzlers den Bereichsvorgesetzten unterbreitet. Die
konkrete Auswahl treffen dann die Bereichsvorgesetzten vor Ort. Sie müssen
eine verantwortungsbewusste Auswahl treffen und diese auch den Mitarbeitenden vermitteln. Durch die Vorgehensweise werden die Führungskräfte in ihrer
Rolle als Führungskraft gestärkt und zugleich in die Pflicht genommen, diese
Rolle aktiv zu gestalten.

Gerade in der Startphase sollten Fördermaßnahmen in Pilotbereichen umgesetzt werden, die eine hohe Teilnahmebereitschaft signalisieren. Im Rahmen
der Vorgespräche sollte eine positive und werbende Grundhaltung eingenom-

men werden. Personalentwicklungsmaßnahmen leisten einen aktiven Beitrag zur Universitätsentwicklung und sind von großem Nutzen für die Mitarbeiter_innen und Bereiche. Dieser Sachverhalt muss gut begründet und vermittelt werden. Die spezifische Vorgehensweise steigert nachweislich den Erfolg der Maßnahmen. Die Teilnahmebereitschaft steigt und die Maßnahmen werden als sinnvolle Unterstützung bewertet. Die Angebote für ausgewählte Zielgruppen erleben diese zudem als Wertschätzung.

Rollenverständnis der Personalentwicklung

Die Personalentwicklung orientiert sich an den Leitzielen der Universität. Sie versteht sich als Prozessgestalterin mit klaren Zielvorgaben durch die Universitätsleitung. Sie entwickelt Maßnahmenkonzepte und begleitet deren Umsetzung, berät Universitätsleitung und Führungskräfte, ist Ansprechpartnerin für die berufliche Weiterentwicklung aller Beschäftigten und steuert und begleitet Organisationsentwicklungsprojekte durch flankierende Maßnahmen. Aus diesem integrierten Rollenverständnis leiten sich die wesentlichen Ziele für die Personalentwicklung ab.

Was kann und soll Personalentwicklung an Hochschulen leisten?

Eine aktive und gestaltende Personalentwicklung ist auf die zukünftigen Anforderungen ausgerichtet:

- Sie entwickelt und fördert Führungskompetenzen und unterstützt Führungskräfte.
- Sie vermittelt Orientierung im stetigen Veränderungsprozess und trägt dafür Sorge, dass alle Beschäftigten „mitgenommen" werden.
- Sie bereitet Mitarbeiter_innen gezielt auf die Übernahme neuer Aufgaben vor, initiiert bedarfsorientierte Anpassungsqualifizierungen und unterstützt Teamentwicklungsprozesse, um die Arbeitsfähigkeit zu verbessern oder um sie ggf. wieder herzustellen, wenn sie durch Konflikte beeinträchtigt ist.

Zu den wichtigsten Gestaltungsfeldern der Personalentwicklung zählen daher die Förderung des wissenschaftlichen Personals, die systematische Führungskräfteentwicklung bzw. Führungsnachwuchskräfteentwicklung, die Förderung des Personals aus Verwaltung und Technik sowie die Prozessbegleitung im Rahmen von Organisationsentwicklungsprojekten und Reorganisationsmaßnahmen.

Was brauchen die Akteure der Personalentwicklung?

Mut, gute Ideen und Spaß an der Aufgabe, Geduld, Ausdauer und Beharrlichkeit sind hilfreiche Voraussetzungen für eine langfristig wirksame und erfolgreiche Praxis der Personalentwicklung. Die Akteure und Akteurinnen sollten bereit sein, neue Konzepte auszuprobieren und diese ggf. nachzubessern. Der Aufbau von tragfähigen Kooperationsbeziehungen mit Querschnittsbereichen (Beauftragte für Chancengleichheit, Mitarbeiter_innen der Hochschuldidaktik, der hochschulinternen Beratungsstellen, des Promotionszentrums etc.) sowie der Austausch im PE-Netzwerk mit anderen Universitäten befördern die Professionalisierung der Personalentwicklung. Des Weiteren sollte die Personalentwicklung der Personalentwickler_innen zum Selbstverständnis gehören.

Best-Practice-Beispiele der Universität Bremen

Abschließend werden drei Gestaltungsfelder, Beispiele und Instrumente einer gelungenen Umsetzung von Personalentwicklungsmaßnahmen vorgestellt:

1. Personalentwicklung im Rahmen von Qualitätsentwicklungsprozessen und am Beispiel des Instruments von Qualitätszirkeln

In der Universität Bremen werden seit über zehn Jahren Qualitätszirkel zur Steuerung von Veränderungsprozessen eingesetzt. Qualitätszirkel sind von der Personalentwicklung moderierte Problemlösungsteams, die mit klarer Zielvorgabe von der Universitäts- oder der Projektleitung beauftragt werden. Sie sind ein erfolgreiches Instrument zur aktiven Beteiligung von Mitarbeitenden an Veränderungsvorhaben.

Qualitätszirkel ermöglichen den Mitarbeitenden, ihre Kompetenz und Expertise einzubringen, sie fördern die Kooperation und unterstützen nachhaltig die Kompetenzentwicklung der Beteiligten durch Lernen im Arbeitsprozess. Die Moderation von Qualitätszirkeln umfasst verschiedene Aufgaben, die in Abb. 1 veranschaulicht werden.

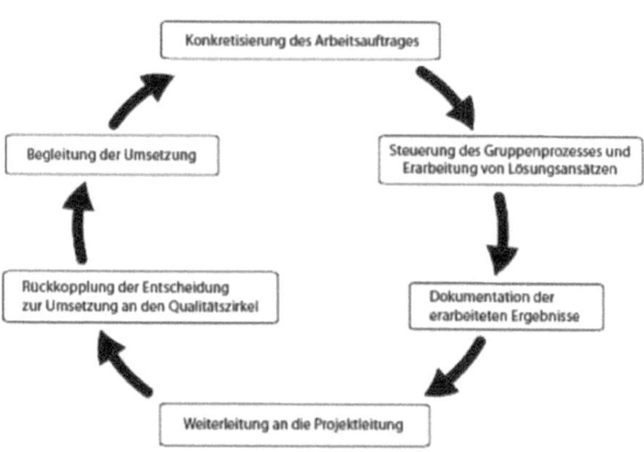

Abb. 1: Aufgaben der Moderation im Qualitätszirkel (eigene Darstellung)

2. Die Förderung von Verwaltungskräften der Laufbahngruppe 1

Den Verwaltungskräften der mittleren Laufbahngruppen kommt an der Schnittstelle zu Forschung und Lehre eine besondere Bedeutung zu. Hier werden zentrale administrative Geschäftsprozesse und Verwaltungsverfahren der Universität für den akademischen Bereich vorbereitet und abgewickelt.

Die Personalentwicklung der Universität Bremen hat seit 2007 zwei Förderprogramme für die Verwaltungskräfte der mittleren Laufbahngruppen durchgeführt. In einem spezifischen Auswahlverfahren und unter Einbeziehung der jeweiligen Führungskräfte und der Interessenvertretung wurden die

Teilnehmer_innen der Förderprogramme von der zentralen Personalentwicklungsgruppe in Abstimmung mit den Bereichsvorgesetzten ausgewählt.

Wesentliche Ziele der Förderprogramme waren die Förderung der universitätsinternen Mobilität, die Stärkung der Bereitschaft, sich in neue Aufgabenfelder einzuarbeiten, die Vertiefung von Schlüsselkompetenzen sowie die Vermittlung von Kenntnissen über die zentralen Geschäftsprozesse der Universität.

Durch diese Förderprogramme konnten sehr gute Ergebnisse hinsichtlich der internen Mobilität erzielt werden. Zudem haben sich mehrere Verwaltungskräfte erfolgreich für den Aufstiegslehrgang in die Laufbahngruppe 2 beworben. Methodisch hat sich u. a. das Instrument Informationswerkstatt als erfolgreich erwiesen.

Die Informationswerkstatt. Ein erfolgreiches Personalentwicklungsinstrument für Hochschulen

Der Einblick in die komplexen Organisationsstrukturen der Universität und ein umfassendes Wissen über die universitären Geschäftsprozesse sind notwendige Voraussetzungen für ein reibungsloses und effizientes Verwaltungshandeln.

Die von der Personalentwicklung moderierte Informationswerkstatt ist eine dreistündige Veranstaltung, in der Führungskräfte und Fachexperten und -expertinnen aus zentralen und dezentralen Organisationseinheiten einen gezielten Einblick in die Arbeitsabläufe der Hochschule vermitteln und sich den Fragen der Zielgruppe stellen. Insbesondere die Besetzung der Informationswerkstatt mit Akteuren und Akteurinnen aus „Zentrale" und „Dezentrale" fördert ein ganzheitliches Bild der Arbeits- und Geschäftsprozesse, spezifiziert die Schnittstellen zwischen „Zentrale" und „Dezentrale" und trägt so in erheblichem Maße zu einem vertieften Verständnis der „Organisation Universität" und zu einer Verbesserung von internen Kooperationsbeziehungen bei.

3. Personalentwicklung für Führungskräfte an Hochschulen

Was erwarten wir von unseren Führungskräften an Hochschulen und wie sieht gutes Führungshandeln in diesem spezifischen Arbeitsbereich aus?

Im Mittelpunkt der Führungskräfteentwicklung der Universität Bremen steht das Ziel, dass Führungskräfte ihre Führungsrolle aktiv und verantwortungsbewusst ausüben und werteorientiert und respektvoll handeln. Sie sollen ihren Verantwortungsbereich kontinuierlich weiterentwickeln und ihre Mitarbeiter_innen fördern. Sie sollen darüber hinaus ihre persönlichen Führungskompetenzen weiterentwickeln und den Veränderungsprozess zur Weiterentwicklung der Führungskultur unterstützen. An Führungskräfte werden somit hohe Anforderungen gestellt. Dies zeigt sich sowohl in Anzahl als auch Qualität der Anforderungen wie z. B. Vereinbarkeit von Beruf und Familie, gendergerechtes und ein die Gesundheit förderndes Führungshandeln oder Umgang mit suchterkrankten Mitarbeitenden.

Die Personalentwicklung muss all diese Prinzipien im Blick haben und gewichten. Es ist daher zwingend notwendig, einen ganzheitlichen und hochintegrativen Personalentwicklungsansatz zu verfolgen, der die Führungskräfte gezielt darin unterstützt, diesen vielfältigen Anforderungen gerecht zu werden.

Das Projekt „Gut führen – gemeinsam Zukunft gestalten"

Die Universität Bremen hat Ende 2011 ein Projekt zur Weiterentwicklung der Führungskultur initiiert. Das Projekt hat eine Laufzeit von drei Jahren und ist als beteiligungsorientierter Veränderungsprozess konzipiert. Ein wesentliches Charakteristikum ist die noch relativ neue Personalentwicklungsstrategie, Führungsthemen mit den Führungskräften aller Statusgruppen und Bereiche gemeinsam zu diskutieren und den statusgruppenübergreifenden Austausch unter Führungskräften aller Bereiche zu befördern. Das Projekt umfasst *drei Teilprojekte*, die von der Personalentwicklung federführend konzipiert und begleitet werden:

Im Teilprojekt 1 werden unter *Einbeziehung von Mitgliedern verschiedener Statusgruppen die Führungsleitlinien weiterentwickelt.* Sie sollen für alle Führungskräfte aus Forschung, Lehre und Verwaltung als verbindlicher Orientierungsrahmen für das Führungshandeln dienen.

Im Teilprojekt 2 steht die *Einführung des Jahresgesprächs in Wissenschaft und Verwaltung* im Mittelpunkt. Seit 2011 wird in der Universität Bremen das Jahresgespräch für alle Beschäftigten aus Wissenschaft, Verwaltung und Technik verbindlich eingeführt. Wertschätzung, Anerkennung und Respekt im gegenseitigen Miteinander stehen als verbindliche Werte im Mittelpunkt der Jahresgespräche. Mit dem Jahresgespräch als Führungsinstrument soll die Zusammenarbeit zwischen Führungskräften und Mitarbeitenden maßgeblich verbessert und die Identifikation der Beschäftigten mit der Universität gefördert werden.

Im Teilprojekt 3 soll ein *systematisches Konfliktmanagement* in der Universität etabliert werden.

Anhand erster Evaluationen wird deutlich, dass die Strategie, Führungsthemen statusgruppenübergreifend zu diskutieren, erfolgreich ist. Der intensive Austausch wird von den Führungskräften als sehr hilfreich bewertet. Darüber hinaus zeichnet sich eine sehr hohe Verbindlichkeit in der Teilnahme an den Rahmenveranstaltungen und in der anschließenden Durchführung der Jahresgespräche ab.

Fazit

Personalentwicklung ist erfolgreich, wenn sie uneingeschränkt und dauerhaft von der Hochschulleitung unterstützt und mit ausreichenden Ressourcen ausgestattet wird. Die frühzeitige und langfristige Einbeziehung der Interessenvertretungen (z. B. durch Dienstvereinbarungen) sichert den Erfolg. Sie sollte methodisch breit gefächert auf die verschiedenen Statusgruppen zugehen und die Personalentwicklungsstrategie konsequent umsetzen.

Personalentwicklung leistet einen erheblichen und nachweisbaren Beitrag zur Weiterentwicklung der Hochschulen, bietet hervorragende Chancen und fördert die Identifizierung der Beschäftigten mit „ihrer" Hochschule. Sie ist als aktives Gestaltungsfeld zwingend notwendig, um gezielt auf zukünftige Herausforderungen vorzubereiten, und zahlt sich darüber hinaus auch aus, denn sie wird zunehmend im Wettbewerb um Drittmittel als Qualitätskriterium in die Vergabe mit einbezogen. Personalentwicklung ist daher eine lohnende Investition in die Zukunft.

Personalentwicklung zwischen Innovationsdruck und Ressourcenknappheit – Podiumsdiskussion

Podiumsgäste: Gerlinde Reich (Kanzlerin/FH Potsdam), Prof. Ulrike Tippe (Vizepräsidentin für Studium und Lehre/TH Wildau), Prof. Andreas Wilms (Vizepräsident für Studium und Lehre/FH Brandenburg), Matthias Neis (Fachbereich Bildung, Wissenschaft und Forschung/ver.di Bundesverwaltung Berlin); Moderation: Eva Herbst (ABF – Arbeit, Bildung und Forschung e. V.)

Eva Herbst: Das Thema heißt „Personalentwicklung an Hochschulen zwischen Innovationsdruck und Ressourcenknappheit". Wie kann man damit umgehen?

Gerlinde Reich: Ich würde gern noch mal auf den Vortrag von Frau Donnermann eingehen. Was die Frage der Fortbildung der Mitarbeiter in Verwaltungsbereichen anbelangt, hat das Land Brandenburg vor ca. vier Jahren die Qualifizierungsaufgabe für sich erkannt und mit dem Angebot einer sogenannten „Qualifizierungsinitiative für Tarifbeschäftigte (QUIT)" darauf reagiert.[6] Mitarbeiter der Verwaltung werden in einem Zeitraum von zwei Jahren in der Landesakademie (LAköV) zum allgemeinen Verwaltungsrecht, zu Controlling etc. geschult. Diese Fortbil-

---

6 Vgl. http://www.lakoev.brandenburg.de/cms/detail.php/bb1.c.259548.de [19.11.2014].

dungen sind inhaltlich so gut, dass die Mitarbeiter danach einen Rechtsanspruch auf eine andere Eingruppierung haben.

Eine wirksame Steuerung von Themen der Personalentwicklung reicht über alle Statusgruppen von akademischer und nichtakademischer Personalarbeit und natürlich über alle Gremien. Wie bei Aufgaben der zentralen Einrichtungen muss man diese Steuerungsgruppe mit Personen aus diesen Gremien und den verschiedenen Zielgruppen aus der Hochschule etablieren, weil das eine Frage von Akzeptanz und Mitnahme der Mitarbeiter ist. Wenn Sie eine neue Aufgabe von oben herab steuern, haben sie keine Chance.

Im Rahmen von Gesundheitsmanagement, habe ich den Eindruck, trifft man relativ schnell auf offene Türen. Anfangs hat der eine oder der andere Professor mich zwar noch angeguckt und fragte, ob er jetzt Übungen am Schreibtisch machen soll. Aber ich glaube, diese Denkart hat sich inzwischen geändert. In diesem Jahr konzentrieren wir uns mit dem Gesundheitsmanagement auf die Ergonomie am Arbeitsplatz, z. B. höhenverstellbare Schreibtische, ergonomische Stühle. Wir haben uns im Haushalt ein Budget eingerichtet, und mit diesem Budget können wir jedes Jahr Ergonomie am Arbeitsplatz auch zielgruppengenau einführen. Wir werden nicht von heute auf morgen alles lösen können, aber schon allein die höhenverstellbaren Schreibtische sind ein Thema, mit dem Sie die Motivation verbessern können. Insofern glaube ich auch, dass Gesundheitsmanagement alternativlos ist. Die Mitarbeiter erleben eine derartige Arbeitsverdichtung, sei es durch befristete Beschäftigungsverhältnisse, sei es durch steigende Anforderungen im Drittmittelbereich – da können sie auch als Kanzlerin nicht viel bewirken, indem sie ab und zu mal ins Büro gehen und einen angenehmen Smalltalk halten oder auch das eine oder andere Lob aussprechen. Das reicht nicht mehr zur Motivation. Einige Gesundheitsmaßnahmen kann man mit wenig Aufwand betreiben, aber auch das ist nachhaltig zu verankern. Wenn man das Gesundheitsmanagement über einen Zeitraum von zwei bis drei Jahren erst einmal mal fest etabliert, muss es danach noch eine Gruppe geben, die das weiterpflegt. Ansonsten erreicht man damit keine Glaubwürdigkeit.

Prof. Ulrike Tippe: Frau Donnermann, Sie haben ganz viele Stichpunkte geliefert in Ihrem Vortrag – da hätte man an vielen Stellen einhaken können. Unter anderem haben Sie auch gesagt, dass es vor zwanzig Jahren diese ganzen Personalentwicklungsbegriffe noch gar nicht gab, und wenn man sich mal vor Augen hält, was sich in den Hochschulen in den letzten zwanzig Jahren insgesamt getan hat, ist da noch viel mehr zu erwähnen.

Ich komme aus dem Bereich der Informatik und der Mathematik, und wenn man das klassische Eingabe- und Verarbeitungs-/Ausgabeprinzip auf die Hochschulen übertragt, wird das Ausmaß der Veränderung deutlich: Früher hat man in der Regel Abiturienten an der Hochschule aufgenommen; jetzt haben wir es mit einer zunehmenden Heterogenität der Studienanwärter und der Studierenden zu tun, mit der wir klarkommen müssen. Früher hatten wir ein klassisches Studium von Montag bis Freitag; heute gibt es neben dem normalen Präsenzstudium Angebote wie das Teilzeitstudium, berufsbegleitendes Studieren, Varianten von Online-/Offline-Studium etc. Neben normalen Studiengängen mit Bachelor- und Masterabschluss sollen zunehmend auch Zertifikatsprogramme und ähnliche Studienangebote auf den Weg gebracht werden. Das alles immer auch in Absprache mit dem Ministerium *(für Wissenschaft, Forschung und Kultur)* und mit Blick auf die Kosten. Brandenburg hat ja die rote Laterne, was die Ausgaben pro Kopf für die Bildung betrifft. Das heißt, man bewegt sich in einem spannenden Feld, in dem man sehr genau aufpassen muss, wie man mit seinen Ressourcen umgeht. Und zu den Ressourcen gehören natürlich in erster Linie die Menschen.

Ich bin seit 2011 Vizepräsidentin für Studium, Lehre und Qualität und seit 2000 an der TH Wildau. Also schon bisschen länger. Mir ist immer aufgefallen, dass man in strategischen Sitzungen wunderbare Pläne und Ziele formuliert hat, und bei der Kommunikation über die erweiterte Hochschulleitung mit dem Dekan bis runter in die Fachbereiche und die Studiengänge – wo ich dann mal Studiengangsprecherin oder für die berufsbegleitenden Studierenden verantwortlich war – kam nichts mehr richtig unten an. Ich habe dann als Vizepräsidentin diese Idee des Qualitätszirkels eingeführt, und das kann ich wirklich nur empfehlen. Wir treffen uns alle zwei Wochen, alle Dekane und der Kanzler unserer Hochschule und ich. Sowohl die Verwaltung und das Präsidium ist vertreten sowie die Sachgebietsleiter. Alle können zu konkreten Themen kommen, und dann behandeln wir solche konkreten Dinge wie Dienstreise, Abrechnung und solche Sachen. Dazu tragen auch Professoren bestimmte Ideen zur Qualitätsverbesserung vor. Ich verstehe jetzt auch, warum das Sachgebiet für studentische Angelegenheiten bestimmte Prozesse nicht in der Form bearbeiten kann, wie ich es mir vorstelle. Und umgekehrt ist es wichtig für jemanden vom Marketing oder vom Prüfungsamt zu verstehen, was seitens der Dekane gewünscht wird. Der Nebeneffekt dabei ist, dass man auf Augenhöhe miteinander kommuniziert.

Um dann komme ich zu der Schleife, Entwicklungsbedarf bzw. Personalentwicklungsbedarf aufzudecken, etwa bei der Umstellung auf ein neues Campus-Verwaltungssystem. Die dafür nötigen Prozesse und Anforderungen unterscheiden sich sehr stark von den derzeitigen Arbeitsabläufen, wie sie im Sachgebiet studentische Angelegenheiten gemacht werden, und bestimmte Arbeiten wie die Übertragung von Noten in ein System wird es in der Form gar nicht mehr geben. Das heißt, wir müssen uns durchaus Gedanken machen: Wie gehen wir mit den Aufgaben perspektivisch um und wie müssen wir bestimmte Leute dafür qualifizieren?

Zu solchen Aufgaben entsteht im Qualitätszirkel eine Transparenz, die vielleicht vorher so nicht da gewesen ist. Es ist noch nicht alles optimal, aber die Diskussion zwischen Verwaltung und akademischem Bereich ist sehr rege und das Verständnis füreinander wächst. In der Grundschule meiner Kinder stand an der Wand: „Wir bewerfen uns nicht mit Bauklötzen und wir lassen uns gegenseitig ausreden." Manchmal würde ich mir wünschen, dass es auch im Senat hängt, weil mir trotz dieser Qualitätszirkel-Runden noch vieles zugetragen wird, bei dem Grenzen im Umgang überschritten wurden, und das Verständnis füreinander mehr geweckt werden sollte. Das ist noch ein schwieriger Weg, aber nichtsdestotrotz funktionieren bestimmte Instrumente wie der Qualitätszirkel.

Prof. Andreas Wilms: Ich bin ein halbes Jahr im Amt des Vizepräsidenten, und was die Funktionen anbelangt, bin ich sicherlich so etwas wie der Benjamin in der Runde. Zuvor habe ich allerdings vier Unternehmen und deren Themen kennengelernt, was die Ausrichtung auf zukünftige Aufgaben und Personalentwicklung anbelangt. Deswegen will ich jetzt auf drei Punkte eingehen. Der erste Punkt betrifft das Thema „Überzeugung und Anspruch". Der zweite bezieht sich auf das Thema „Prozess bzw. Veränderungsprozesse" und der dritte auf die Frage, ob Managementtechniken aus der Wirtschaft auf die Hochschule übertragbar sind.

Zum ersten Punkt „Überzeugung und Anspruch" möchte ich sagen, dass das Thema Personalentwicklung mir selbst wichtig ist und dass es ein wirklich wichtiges Thema für jede Organisationseinheit ist. Die Umwelt ändert sich und Organisationen in dieser Umwelt müssen sich entsprechend ändern und mitändern. Und damit müssen sich auch die Mitarbeiter ändern, also diejenigen, die die Organisationseinheit ausmachen. Geändert hat sich aber auch ganz stark die Perspektive auf den Menschen in der Organisation, denn es geht darum, dass der Mensch als Mitglied dieser Organisationseinheit nicht nur dauerhaft gesund seine Arbeit machen kann, sondern auch zufrieden ist. Und da setzt der Anspruch einer guten Personalentwicklung an: dass der positive Effekt für die Organisation eben auch positive Effekte für den Mitarbeiter haben sollte. Es gilt, beide Aspekte im Blick zu behalten.

Zum zweiten Punkt „Veränderungsprozesse und Veränderungsmanagement" muss man sagen, unabhängig vom Thema Ressourcenknappheit, dass es um Hochschulen geht. Wenn Sie Veränderungen anstoßen, haben Sie immer eine gewisse Reaktanz, egal was sie anstoßen. Und damit müssen Sie umgehen. Kommunikation ist sicherlich das Wichtigste. Zusätzlich dann aber noch Partizipation. Es gilt also, die Leute auf dem Weg mitzunehmen und dabei den dritten Punkt zu berücksichtigen, das ist Befähigung und Weiterbildung. Ich sehe das immer als Dreiklang: Kommunikation, Partizipation und Befähigung. Und man muss sich einfach die Zeit nehmen, das zu vermitteln. So ein Veränderungsprozess hat immer zwei Ebenen: die Ebene des eigentlichen Prozesses und die Ebene der Organisation, der organisationalen DNA. Die müssen Sie über einen offenen Zeitraum mit verändern, was sicherlich schwierig wird.

Und damit komme ich zu den Managementtechniken. Mir gefällt die Abgrenzung „Wirtschaft vs. Hochschule" nicht so gut, weil ich glaube, dass es sie in dem Sinne eigentlich nicht gibt. In beiden Fällen handelt es sich um Organisationen und soziale Systeme, in denen Menschen was zusammen bewegen, ob sie nun ein Produkt herstellen oder sich mit Bildung beschäftigen. Ohne Frage gibt es Spezifika – das erlebe ich ja auch. Manche Sachen in der Hochschule ticken ganz anders als in der Wirtschaft, aber trotzdem sind die Systeme die gleichen. Deswegen glaube ich auch, dass man Techniken, die woanders, beispielsweise im Unternehmen, durchaus erfolgreich angewendet werden, auf eine Hochschule übertragen werden können. Man muss sie möglicherweise anpassen. Es gibt sowohl Unternehmen als auch Hochschulen, die einfach innovativ sind, die schon gewisse Sachen ausprobiert haben und die damit erfolgreich waren. Und es geht darum, von diesen Organisationen zu lernen.

Durch meine eigenen Erfahrungen im Gremiensystem der Hochschule ist mir bewusst geworden, dass die Hochschulen als System viel partizipativer agieren als die Unternehmen, die hierarchisch durchsteuern können. Plötzlich ist die Hochschule eigentlich die innovative Organisation, denn auch die Gesellschaft funktioniert immer weniger hierarchisch und mehr in partizipativen Netzwerkstrukturen. Zukünftig können auch Unternehmen nicht mehr hierarchisch durchsteuern, und die Unternehmer fragen sich gerade, wie sie auf diese Veränderung reagieren können. Da haben die Hochschulen schon ganz gute Antworten gefunden über die Jahre. Es braucht lange, mühsame Prozesse, aber wenn sie am Ende ein Ergebnis haben, dann werden sie auch mitgetragen. Und deswegen kommt jetzt auch gerade ganz viel Innovation aus den Hochschulen in die Unternehmen.

Neis: Sie hatten mich ja als Gast mit einem anderen Blickwinkel angekündigt. Es wird Sie somit wenig erstaunen, dass ich als Gewerkschafter einen Blick auf die Beschäftigungsbedingungen werfe, weil ich finde, dass Personalentwicklung tatsächlich nur tragfähig funktionieren kann, wenn die Rahmenbedingungen stimmen. Und das sehe ich im Moment nicht. Ich glaube, da scheitert die Personalentwicklung, und zwar insbesondere – aber nicht nur – an den Rahmenbedingungen der wissenschaftlich Beschäftigten. Ich erwähne ein paar Zahlen, die Sie vielleicht alle kennen, aber die man trotzdem immer mal wieder wiederholen muss: Derzeit sind 85 % der wissenschaftlichen Mitarbeiter nur noch befristet beschäftigt, dies gilt auch für Brandenburg. Bundesweit haben wir bei der Hälfte aller Verträge eine Laufzeit von unter einem Jahr. Das ist für eine Personalentwicklung, glaube ich, kein sehr guter Zeitraum. Und was die Berufsperspektive angeht, finden Berufungen erst – und das ist die einzige Chance auf eine dauerhafte wissenschaftliche Laufbahn – im fünften Lebensjahrzent statt. Das sind so die Dinge, mit denen man sich als Rahmenbedingungen von Personalentwicklung auseinandersetzen muss.

Wie man als wissenschaftlicher Mitarbeiter dahinkommt, ist völlig intransparent. Es gibt kein verlässliches (Karriere-)Modell, das Anhaltspunkte bietet, in welchen Schritten die Professur erreicht werden kann. Wissenschaftliche Mitarbeiter bewegen sich in einem unsicheren Kontext, in dem sie vielleicht messen können, wie viele Publikationen sie haben, aber ob das der Indikator ist, der sie wirklich auf eine Professur bringt oder nicht, bleibt permanent ungewiss. Das sind Bedingungen und auch strukturelle Faktoren einer wissenschaftlichen Laufbahn, die aus meiner Sicht eigentlich Anreize gegen eine konsequente Personalentwicklungspolitik setzen. Denn nicht zuletzt müssen die wissenschaftlichen Mitarbeiter die Organisation verlassen, um ihre beruflichen Perspektiven zu entwickeln. Ich würde es in einem Satz zusammenfassen: In einem Durchlauferhitzer können Sie nicht Personalentwicklung betreiben. Das ist die Lage aus meiner Sicht, aus der Sicht des Gewerkschafters. Solange sich an diesen Rahmenbedingungen nichts ändert, fürchte ich, werden wir nachhaltige Erfolge in der Personalentwicklung nur eingeschränkt haben.

Und es besteht wenig Aussicht auf Änderung. Ich war gerade auf der Hochschulrektoren-Konferenz, auf der ein Orientierungsrahmen für den Umgang mit dem sogenannten wissenschaftlichen Nachwuchs abgelehnt wurde. Die Mehrheit der Hochschulleitungen war der Meinung, dass man es entweder nicht braucht oder dass es ein zu starker Eingriff in die Autonomie sei. Solange solch ein Verständnis von Autonomie vorherrscht in den Hochschulen, werden wir wenig Bewegung in Hinsicht auf eine transparente und planbare Karriere in der Hochschule sehen. Und das sind für mich zwei Dinge, die zur Personalentwicklung gehören: dass man weiß, wenn man diesen oder jenen Arbeitsprozess mitmacht, sich darauf einlässt, dann hat man auch eine reelle Chance auf eine berufliche Perspektive. Denn die meisten Wissenschaftler machen ihren Job sehr gern; sie sind frustriert davon, dass sie gar nicht erst die strukturellen Möglichkeiten bekommen, ihre Arbeit dauerhaft zu machen. Das müssen wir verändern, um Personalentwicklung erfolgreich machen zu können.

Herbst: Jetzt haben Sie – als Podiumsgäste – zunächst die Gelegenheit, direkt aufeinander einzugehen. Die Frage ist aber auch: Ist Personalentwicklung unter diesen Bedingungen möglich oder nicht? Wie sehen Sie das?

Tippe: Ich würde gern gleich direkt darauf eingehen. Natürlich sind wir alle nicht erfreut über die Situation; auf der Fahrt hierher habe ich mit unserem Kanzler telefoniert und schon die nächste Hiobsbotschaft für unsere Hochschule gehört, weil bestimmte Rahmenbedingungen einfach vom Ministerium vorgegeben werden. Es geht hier nicht um Drittmittelstellen, die von vornherein befristet sind, es geht um die perspektivische Kürzung von Haushaltsstellen. Das heißt, die Rahmenbedingungen sind schwierig. Es hat aber auch wenig Sinn, sich hinzustellen und zu klagen, dass alles so schwer und schrecklich ist. Wie ich vorhin gesagt habe: Die Aufgaben, die Zeiten und die Anforderungen ändern sich. Und das bedeutet auch, dass man kritisch mit der Situation, mit sich selber und mit seinen Aufgaben ins Gericht gehen muss. Vielleicht muss man nicht nur überlegen, ob man die Dinge richtig tut, sondern auch, ob man die richtigen Dinge tut. Und dafür sind im Prinzip solche Qualitätszirkel auch der richtige Ort, um zu überlegen, wie wir uns vielleicht auch jetzt mal neu aufstellen können. Was sind wirklich unsere Herausforderungen, müssen wir Dinge immer so denken und so tun, wie wir es vorher gemacht haben, und können oder müssen wir auch mal anders denken? Dazu gehört auch, dass man als Professor mit einem Forschungsprojekt die befristet angestellten Kolleginnen und Kollegen nur als günstige Arbeitskraft sieht und sie bis zum Letzten ausnutzt. In dem Moment, wo man die Kolleginnen und Kollegen in einem Drittmittelprojekt einstellt, muss man bewusst umdenken.

Bei uns an der Hochschule ist es so, dass wir die Hälfte unseres Budgets noch mal an Drittmitteln dazubekommen. Das ist ein sehr, sehr großer Anteil. Das bedeutet aber eben auch einen großen Anteil an befristet Beschäftigten. Intern versuchen wir, keine Verträge abzuschließen, die weniger als ein Jahr Laufzeit haben. Ein Jahr ist schon minimal, aber Vierteljahresverträge – das geht wirklich gar nicht. Und wir fangen ganz früh an, nach Perspektiven zu schauen, die sich für die Beschäftigten durch die Tätigkeiten im Rahmen dieses Projektes für die Zeit danach ergeben: Wie können sie sich noch qualifizieren und diese Kompetenzen dann gegebenenfalls als Sprungbrett zu nehmen? Natürlich wäre es schön, wenn man bestimmte Strukturen auch hinterher verstetigt, das wünschen wir uns alle. Aber wir können es nicht garantieren, und es ist unfair, den Kolleginnen und Kollegen gegenüber irgendetwas anderes zu sagen. Ich spüre dahingehend ein großes Maß an Verantwortung, weil ich viele Drittmittel-Kollegen und -Kolleginnen habe. Ich sehe das dann schon an deren Augen, wenn der Vertrag zu Ende geht – nach dem Motto „Tu was, mach was". Natürlich ist es wichtig, darüber zu sprechen, welche Kompetenzen noch ausgebaut werden können und welche Weiterbildungen und Netzwerke für weitere berufliche Perspektiven wichtig sind.

Es ist eine Krücke, ich gebe es zu. Schöner wäre mehr Planungssicherheit. Aber auch die Verhaltensweisen müssen sich ändern, und da, denke ich, muss man auch sehr stark bei den Professoren und Professorinnen ansetzen, weil diese als Führungskräfte und Vorgesetzte ein ganz großes Maß an Verantwortung haben, was noch nicht unbedingt jedem so bewusst ist. Da ist noch ein großes Maß an Arbeit zu leisten, aber es machen schon viele, und so versuchen wir uns dann mit der Situation bestmöglich zu behelfen.

Reich: Ich war gestern auf der gleichen Veranstaltung, auf der der Kanzler von der TH Wildau anwesend war. Die Hochschulen in Brandenburg hat es nun auch erreicht, dass zukünftig Stellen mit dem KW-Vermerk *(„künftig wegfallend")* versehen werden können. Das ist zwar schon seit einigen Jahren so, wird uns in den nächsten Jahren aber noch mehr erreichen. Trotzdem muss ich sagen, die Hochschullandschaft im Land Brandenburg hat politisch, auch wenn es nicht unbedingt so aussieht, aus meiner Sicht noch eine sehr gute Lobby. So trauen sich die Landtagsabgeordneten an das Thema „Stellen abbauen" in den Hochschulen nicht ganz so einfach ran wie an andere Ressourcen.

Ansonsten denke ich mir, dass Personalentwicklung auch im Kernbereich ohne eine Prozessanalyse an der einen oder anderen Stelle gar nicht mehr geht. Also ich habe das für unsere Hochschule wahrgenommen, und wir haben das seit einem Jahr praktiziert. Dadurch ist es an der einen oder anderen Stelle relativ einfach, doppelte und dreifache Arbeit zu minimieren. Natürlich immer unter der Maßgabe, die Mitarbeiter mitzunehmen und mit den Mitarbeitern dazu ins Gespräch zu kommen. An einigen Stellen ist so etwas durchaus machbar, an anderen sind die Möglichkeiten, sei es wegen der Statusfragen oder der Kommunikation, begrenzt. Es ist uns darum gegangen, gemeinsam in einer Projektgruppe mit den Ableitungsleitern erst mal unsere Kernprozesse zu visualisieren und zu diskutieren. Wir sind dann aber zu dem Punkt gekommen, dass wir das ohne externe Moderation nicht mehr weiterschaffen, weil wir irgendwann zu sehr in die Bereiche eines jeden hineinregiert haben und die betroffenen Abteilungsleiter dadurch in Erklärungsnot gebracht haben.

Eins will ich noch zur Schnittstelle zum akademischen Bereich sagen. Im Rahmen der Geschäftsprozessanalyse haben wir eine interne Kundenkonferenz durchgeführt. Dazu haben wir Professoren und akademisches Personal sowie Mitarbeiter aus dem Kern der Verwaltung eingeladen. Wir haben sie gefragt, was sie in ihrem Arbeitsalltag machen, wie wir ihre Grundgedanken aufnehmen können und was sie von uns als Dienstleistung erwarten. Das war eine sehr spannende Veranstaltung, die wirklich sehr konstruktiv war. Sie hat auch eine Sensibilität für einen Perspektivwechsel und eine Kultur des Miteinander gebracht: Wie gehen wir zukünftig aufeinander zu, wie können wir uns gegenseitig unterstützen? Und an welchen Stellen müssen wir gewisse Formalismen einhalten, weil uns Haushaltsrecht, Befristungsgesetz, Wissenschafts-, Zeitvertragsrechte und viele anderen Dinge Vorgaben machen, die wir nicht direkt gestalten können? Insofern ist für mich Personalentwicklung größtenteils nicht nur Theorie, sondern wirklich praktisch umsetzbar.

Wilms: Die Frage ist ja auch: Wie geht man mit diesem System und den Rahmenbedingungen, die wir haben, um? Ich kann die Kritik aus gewerkschaftlicher Sicht verstehen, und ich teile sie in vielen Bereichen auch. Ich finde es selber unbefriedigend, dass man Mitarbeiter hat, denen man keine guten Angebote machen kann. Vor zwei Wochen saß bei mir eine Mitarbeiterin und hat mich gefragt: „Was soll ich machen? Können Sie mir einen Vertrag zum 1. Januar geben oder nicht?" Und ich habe gesagt: „Ich weiß es nicht." Mit den Mitteln, die wir derzeit haben, darf ich es nicht. Ich kann ja nicht einen Vertrag ausgeben, ohne dass er finanziert ist. Es kann gut sein, dass das Geld noch kommt. Wir hoffen es. Und das ist für mich als Verantwortlichem genauso anstrengend und schwierig wie für die betroffene Mitarbeiterin. Das ist aber die Situation, mit der man sich auseinandersetzen muss, und da stellt sich die Frage, was wir daraus machen können. Seit dem ersten Quartal haben die neue Präsidentin Frau Wieneke-Toutaoui und ich uns gemeinsam auf den Weg gemacht, ein paar strukturelle Dinge an der Hochschule zu ändern und neu zu gestalten, die helfen sollen, diese problematische Situation ein bisschen abzufedern. Wir haben gemerkt, dass viele Forschungsprojekte bestimmten Professoren zugeordnet sind, und diese Professoren kümmern sich auch sehr gut um die Mitarbeiter und die Zukunftsprojekte. Aber es gibt auch viele andere Projekte, die nicht so direkt an einer Forschungsfrage hängen und keinen Anker in einer Professur haben. Und für diese Projekte versuchen wir jetzt durch die Bildung von Zentren Ankerpunkte zu schaffen und dafür verantwortliche Personen zu definieren, die sich dann, ausgestattet mit entsprechenden Verträgen, in diesem Verantwortungsbereich um die Projekte und die Beschäftigten zu kümmern. Wir haben heute und morgen an der Hochschule eine gemeinsame Klausurtagung mit der Hochschulleitung, den Abteilungsleitern und auch den zukünftigen Zentrenleitern, auf der wir uns gemeinsam zwei Tage lang Gedanken machen wollen, wie wir aus diesen Rahmenbedingungen trotzdem eine gute Struktur schaffen können. Das ist jetzt das, was wir uns ganz konkret für die Hochschule vorgenommen haben.

Herbst: Gut. Gibt es schon direkte Fragen aus dem Publikum an die Diskutanten?

Birgit Hendrischke (Leiterin des Weiterbildungszentrums (WBZ) der BTU Cottbus-Senftenberg): Meine Frage geht an Frau Tippe. Ich fand das Instrument des Qualitätszirkels ganz spannend. Ich stelle eine ganz einfache Frage. Wer hat das initiiert? Wer lädt ein und wer sorgt dafür, dass da eine Linie drin ist, wer hat die Fäden in der Hand?

Tippe: Initiiert habe ich das mit meiner Amtsübernahme. Das war sozusagen meine Idee, Ich habe unseren Kanzler mit ins Boot gekommen. Das erste Mal habe ich eingeladen, das Protokoll geführt und die Themenvorschläge gesammelt. Vorher habe ich die Fachbereiche, die Sachgebiete angeschrieben, mit der Frage „Was brennt unter den Nägeln?". Bei einer Kick-off-Veranstaltung haben wir dazu ganz viel gesammelt. Da wurde ich fast erschlagen von Problemen, von der Internationalisierung bis hin zur Stundenplanung. Im ersten Semester konnte ich die Agenda für die weiteren Wochen komplett füllen allein mit dem, was wir beim ersten Kick-off gesammelt haben. Ich mache dann immer am Ende eine Zusammenfassung, weil wir Dinge häufig nicht gleich lösen können. Auch nach einem Semester lasse ich Revue passieren, welche Themen wir hatten und was zwischenzeitlich passiert ist. Wir befinden uns im Verfahren zur Systemakkreditierung, und in diesem Rahmen haben wir noch zusätzliche Mitarbeiter, erst mal unbefristet, generieren können. Mittlerweile kann ich dadurch ein paar Aufgaben aus dem Qualitätszirkel delegieren.

Der Qualitätszirkel ist ein fester Termin, alle zwei Wochen, mit einer kleinen Pause in der vorlesungsfreien Zeit. Ob sie teilnehmen, das entscheiden die Kollegen selbst, aber wir füllen den Senatssaal mit ca. 20 Plätzen eigentlich immer ganz gut. Die Zeit muss wirklich begrenzt sein, ganz klar. Aber die zwei Stunden fallen nicht schwer, also die gehen schnell vorbei. Und wir haben auch schon wirklich ein paar Dinge auf den Weg gebracht.

Dr. Kristine Baldauf-Bergmann (Projektleitung SEWKHO): Ich möchte gern noch mal auf ein Problem, das Frau Donnermann in ihrem Vortrag geschildert hat, eingehen. Sie wies darauf hin, dass die Kriterien einer guten Personalentwicklung bei Professoren und Professorinnen wie Forderungen ankommen, die sie zusätzlich zu ihrer eigentlichen Tätigkeit machen müssen, nach dem Motto: „Jetzt muss ich nicht nur *diversity* und Gesundheitsmanagement berücksichtigen, sondern auch noch Jahresgespräche führen." Dies macht es u. a. so schwierig, den akademischen Bereich zu Themen der Personalentwicklung zu erreichen. Aber tatsächlich steckt darin auch ein Problem: Themen, die auf der organisationalen Ebene wichtig sind, landen bei den Einzelnen und wirken als Überforderung. Dann sagen die Professoren aus gutem Grund: „Nein, wir haben den Kopf wirklich voll, für Personalentwicklung haben wir keine Ressourcen mehr." Dabei ist einigen durchaus bewusst, wie sich schlechte Rahmenbedingungen auf die Mitarbeiter und den Arbeitsbereich auswirken. Die Situation verweist darauf, dass wir einen Mangel bzw. keinen Ort haben, wo diese Dinge an Hochschulen als Organisationsthemen diskutiert werden. Ich bin mir aber nicht sicher, ob die Qualitätszirkel das schon leisten können: eine Kultur aufzubauen, mit der man aus der Vereinzelung der Organisationsthemen rauskommt. Ich würde diese Frage gern noch mal an das Podium zurückgeben. Was denken Sie, was dafür zu tun ist?

Tippe: Also ich denke, diese Themen wird der Qualitätszirkel in der Form nicht abdecken. Der Qualitätszirkel bei uns ist eher ein operativ geartetes Instrument, um Prozesse innerhalb der Hochschule zu optimieren. Viele Kolleginnen und Kollegen und Professoren begreifen sich aber auch nicht unbedingt als Element eines Systems, sondern sie sind einfach ein Individuum mit ihren Interessen. Und jede Institution, jede Unternehmung, jede Hochschule hat eine eigene Kultur, wenn es darum geht, bestimmte Interessen durchzusetzen. Die Kollegen zu sensibilisieren, welche Aufgaben sie innerhalb des Systems vielleicht noch wahrzunehmen haben, ist sehr schwierig. Insbesondere wenn es Kollegen und Kolleginnen sind, die länger an der Hochschule sind. Deswegen glaube ich auch, dass zukünftige Berufungsverfahren ein ganz großes, starkes Instrument für die Personalentwicklung sind, weil man sozusagen sich schon im Vorfeld, wenn man die Leute in ein System reinholt, überlegt, wie man ein gemeinsames Ziel erreichen will. Und da haben wir eben bestimmte Mittel und Wege und auch bestimmte Verpflichtungen. Wenn man das frühzeitig implementiert, ist es leichter.
Ich wollte noch eine Sache ergänzen. Ich teile die Meinung von Herrn Wilms, dass die Strukturen von Wirtschaftsunternehmen und Hochschulen gar nicht so verschieden sind. Das ist auch meine Erfahrung, wenn ich in der Wirtschaft Workshops mache: Die Probleme sind überall ähnlich. Aber wir haben es noch mit einer Generation – das soll jetzt nicht despektierlich sein – von Professoren und Professorinnen zu tun, die Universität und Hochschule ganz anders als die Wirtschaft empfunden haben und die genau aus dem Grund in die Hochschule gekommen sind und deshalb die Dinge, die sie tun sollten, eben nicht tun. Das ist so das Kernproblem. Und ich stelle einfach fest, dass jetzt jüngere Kolleginnen und Kollegen kommen, die eine andere berufliche Sozialisation und diese Prägung nicht so haben. Da kann man durch individuelle Ansprache, durch Einladung zu solchen Qualitätszirkeln und die Erklärung der Hochschulstruktur auch mehr Verständnis erzeugen.

Reich: Was die unterschiedlichen Kulturen in der Professorenschaft anbelangt, das kann ich nur unterstreichen. Ich habe auch den Eindruck, dass sich mit den Neuberufenen ein wirklicher Kulturwandel vollzieht. Da entsteht bilateral ganz viel an Synergien, da werden auch Themen thematisiert, die vorher ein „No-Go" waren. Insofern glaube ich, dass man einen Teil der Professoren mitnehmen kann und einen Teil nicht; das muss man akzeptieren.

Neis: Also ich würde Ihnen zunächst absolut zustimmen, dass die starke Individualität der Professorinnen und Professoren ein zentraler Punkt ist. Um die Situation zu beschreiben: Wir erziehen uns Autisten, und wenn wir sie berufen haben, dann erwarten wir, dass sie kooperieren. Ich bin ein bisschen skeptisch, ob sich das mit dem Generationswechsel von selbst erledigt. Es mag sein, dass die Kooperationsbereitschaft steigt – auf der anderen Seite steigen auch bestimmte Konkurrenzmechanismen eher an, und das steht der Kooperation entgegen. Wenn Drittmittel so bedeutsam sind, konkurriere ich mit dem Kollegen nebenan um denselben Topf. Da werde ich es mir vielleicht dann noch mal überlegen, wie weit Kooperation geht. Da sind auch wieder neue Formen von Individualisierung zu beobachten.

Jörg Cirulies (Geschäftsführer ABF – Arbeit, Bildung und Forschung e. V.): Ich fand ganz spannend, was Frau Donnermann zum internen Dienstleister gesagt hat, was für ein Selbstverständnis dazugehört. In den Netzwerkstrukturen der Hochschulen geht in der Weiterbildung manches, was in der Wirtschaft gar nicht so geht. Wir hatten z. B. im Rahmen von SEWKHO ein tolles zweitägiges Seminar zum Thema „Informelles Führen – Führen ohne Weisungsbefugnis". Das ist in der Hochschule ganz wertvoll, wenn man es kann. Der ABF e. V. hat Führungskräftetrainings bei einem Konzern gemacht, da ging es auch um Wertschätzung, da sind aber viele gegangen. Und meine Frage an Frau Donnermann ist: Wie haben Sie es geschafft, dass Ihre Führungskräfte an bestimmten Maßnahmen teilgenommen haben?

Bettina Donnermann (Wissenschaftliche Mitarbeiterin im Referat Personalentwicklung/Universität Bremen): Ich nehme an, Sie beziehen sich mit der Frage auf das Projekt z. B. mit den Jahresgesprächen. Wir gehen über den Kanzler, aber auch über Gremien. Wir haben auch eine Dekanrunde, die regelmäßig tagt. Das Thema, mit dem wir auf die Professoren zukommen, wird dort vorgeschlagen und diskutiert. Nicht nur an einer Stelle wird vorgeschlagen, z. B. Jahresgespräche einzuführen, sondern in allen wichtigen Gremien. Das ist der eine Part. Der andere ist, dass ich für die Personalentwicklung werben muss. Ich bin z. B. häufiger im Fachbereichsrat der Fakultäten eingeladen. Letzte Woche habe ich erlebt, dass eine Dekanin sagte: „Sie drücken uns das von oben auf." Dann habe ich gefragt: „Was schlagen Sie denn vor?" Wir haben mit den einfachsten und kooperativen Fachbereichen angefangen und die schwierigen Fachbereiche zunächst zurückgestellt.

Wilms: Da ist noch ein Thema, was mich durchaus umtreibt: Wie kann man Wandel mit Professoren und Professorinnen gestalten? Wenn wir in der Hochschule etwas verändern wollen, müssen wir sie natürlich mitnehmen, das ist ein zentraler Punkt. Sicher, gerade bei älteren Kolleginnen und Kollegen, die schon sehr lange in dem System sind, ist das schwierig. Aber die Wege, wie man Professor wird, die ändern sich. Man schreibt mehr Artikel, bei denen man mit anderen zusammenarbeitet. Es wird immer schwieriger, nur ganz auf sich gestellt durchzukommen. Da ändert sich was.
Und noch ein zweiter Punkt: Wenn man sich die schwierigen Rahmenbedingungen anguckt, scheint es manchmal einfacher, radikale Änderungen zu realisieren, als schrittweise vorzugehen. Letzteres ist aber schwieriger, weil man dann merkt, dass sich substanziell etwas ändern muss. Wir hatten letzte Woche bei uns im Fachbereich Klausurtagung. Da hat ein Kollege gefragt: „Was heißt es heute, Professor zu sein?" Es ist etwas ganz anderes als die Jahre davor. Es geht nicht mehr so stark darum, dass man als Professor nur Wissen vermittelt. Es kommen ganz viele Aufgaben und Verantwortungen dazu. Es wird also auch die Verantwortung für das System und die Menschen zum Thema. Insofern habe ich die Hoffnung, dass sich an diesem Gesamtbild Stück für Stück was ändern wird.

Forum 1   Gesundheitsmanagement

Wenn Hochschulen sich nicht nur als Ort der Lehre und Forschung, sondern auch als Arbeits- und Lebensraum begreifen, dann rückt das Thema, wie die Gesundheit der Mitarbeiter_innen sowie der Studierenden gefördert werden kann, in den Fokus[7]. Im Kontext von Arbeitsverdichtung, befristeter Beschäftigung und demografischem Wandel wird dies zu einer wichtigen Aufgabe.

Hochschulen, die Gesundheitsförderung durch strukturiertes Betriebliches Gesundheitsmanagement auf allen Ebenen als Querschnittsaufgabe implementieren, steigern ihre Attraktivität und können dadurch auch Standortvorteile ausbauen. Dabei kommt ein doppelter Nutzen zum Tragen: Die Mitarbeiter_innen und Studierenden profitieren vom Engagement in der Gesundheitsförderung und können damit als zukünftige Leitungskräfte zugleich zu Multiplikatoren werden, die selbst für die aktive Gestaltung von gesunden Lebens- und Arbeitsbedingungen eintreten.

Zentrale Fragen sind, was Gesundheitsmanagement derzeit an brandenburgischen Hochschulen leisten kann, an welchen Brennpunkten es ansetzen soll und wie es nachhaltig implementiert werden kann. In dem Forum wurde disku-

---

7   Vgl. duz SPECIAL „Gesundheitsfördernde Hochschulen-Modelle aus der Praxis", Beilage zur duz – Unabhängige Deutsche Universitätszeitung/ Magazin für Forscher und Wissenschaftsmanager, 22. März 2013, http://www.duz.de/cms/media/uploads/user/379/duz-spec_TK_Screen.pdf [19.11.2014].

tiert, welche Eckpunkte ein strukturiertes Betriebliches Gesundheitsmanagement ausmacht, und in Beiträgen aus verschiedenen Hochschulen beleuchtet, wie sich der bisher entwickelte Stand des Gesundheitsmanagements darstellt.

1.1 Eckpunkte des Betrieblichen Gesundheitsmanagements

Von Cäcilia Lenz-Müller/ABF e.V.

Bevor es in den folgenden Beiträgen um Gesundheitsmanagement in Hochschulen geht, möchte ich zur Einführung des Themas einige Grundfragen und Eckpunkte zum Betrieblichen Gesundheitsmanagement (BGM) vorstellen.

Was verstehen wir unter Gesundheit?

Gesundheit ist kein statischer Zustand. Wir müssen uns individuell und auf der betrieblichen Ebene aktiv um Gesundheit bemühen und Verantwortung übernehmen. Gesundheit ist eine grundlegende Voraussetzung für unsere Handlungs-, Lern- und Leistungsfähigkeit. (Siehe auch Abb. 2.)

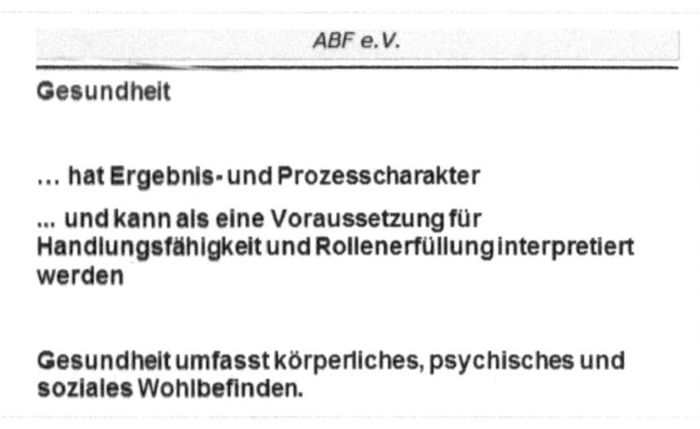

Abb. 2: Was ist Gesundheit? (eigene Darstellung)

Was verstehen wir unter Betrieblichem Gesundheitsmanagement?

Zum Kern des Betrieblichen Gesundheitsmanagements gehört die Gestaltung gesundheitsförderlicher Rahmenbedingungen auf der Ebene der Verhältnisse und des Verhaltens. (Vgl. Abb. 3.) Ein Unternehmen muss vorrangig die verhältnisorientierte Gesundheitsförderung und damit die Arbeitsbedingungen im Blick haben. Unglaubhaft und widersprüchlich – und leider oft auch Praxis – ist es, wenn Beschäftigte unter gesundheitskritischen Bedingungen (Verhältnissen) arbeiten müssen und mit Angeboten des Unternehmens eigenverantwortlich einen Ausgleich dafür schaffen sollen.

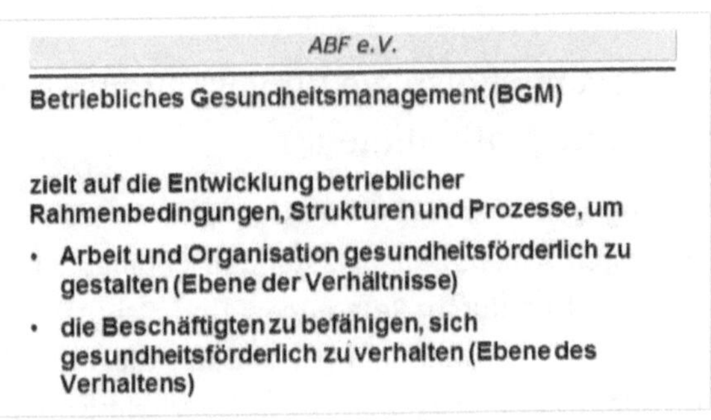

Abb. 3: Was ist BGM? (eigene Darstellung)

Nach dem Arbeitsschutzgesetz (§ 5) ist der Arbeitgeber verpflichtet, mit der Arbeit verbundene Risiken für die Gesundheit zu ermitteln und Maßnahmen zur Beseitigung der Risiken festzulegen, durchzuführen und zu überprüfen (Gefährdungsbeurteilung). In einem kontinuierlichen Prozess gilt es, die Maßnahmen zu optimieren.

Gesundheitsmanagement organisiert den Prozess der Optimierung durch die Verankerung von Gesundheitsthemen, zielgerichtete Kommunikation, transparente Strukturen, verlässliche Vorgehensweisen mit klaren Verantwortlichkeiten sowie Ansprechpartnern und -partnerinnen. Beschäftigte werden informiert und beteiligt und wissen, an wen sie sich wenden können.

Gesundheitsthemen im Unternehmen verankern.

Wissensbasis für Gesundheitsthemen schaffen: Gesundheitskompetenzen fördern.

Arbeitsbedingungen gesundheitsförderlich gestalten.

Beschäftigte beteilige.

Gesundheitsförderliche Führung etablieren.

BGM in betriebliche Routinen integrieren: Umsetzung gewährleisten.

Gesundheitsförderung: Beispiele für verhaltens- und verhältnisorientierte Maßnahmen

Gesundheitsförderung zielt auch auf die Ressourcen, die es zu stärken gilt. Wir sind in unserer heutigen Arbeitswelt belastenden Bedingungen ausgesetzt, die wir nicht abschalten, aber durch Ressourcen und Schutzfaktoren abmildern können. Verhaltensorientierte Maßnahmen stärken die individuellen internen Ressourcen (z. B. durch Zeitmanagement), und verhältnisorientierte Maßnahmen beeinflussen externe Ressourcen wie Arbeitssysteme und die Zusammenarbeit. (Vgl. Abb. 4.) Verhältnisorientierte Maßnahmen bringen immer einen Mehrwert dadurch, dass sie über das individuelle Verhalten hinaus auch das soziale Miteinander positiv beeinflussen.

ABF e.V.		
Verhaltensorientierte und verhältnisorientierte Maßnahmen		
Gesundheitsförderung	verhaltensorientierte Maßnahmen	verhältnisorientierte Maßnahmen
Zielt auf	einzelne Personen das Individuum und interne Ressourcen	Arbeitssysteme und Personengruppen die Strukturen und externe Ressourcen
Beispiele für Maßnahmen	Rückenschule, Umgang mit Stress, Zeitmanagement	Teamarbeit Arbeitszeitgestaltung ergonomische Gestaltung
Wirkungsebene	individuelles Verhalten	soziales und individuelles Verhalten
Effekte	Gesundheit, Leistungs-fähigkeit Reduzierung krankheits-bedingter Fehlzeiten	zusätzlich: positives Selbstwertgefühl, Motivation Qualität, Flexibilität
Effektdauer	kurz- bis mittelfristig	mittel- bis langfristig

Abb. 4: Verhaltensorientierte und verhältnisorientierte Maßnahmen
(eigene Darstellung in Anlehnung an Publikationen der Unfallkasse des Bundes)

Warum ist Gesundheitsmanagement zu einem wichtigen Thema geworden?

Dies soll am Beispiel der Forschungsergebnisse zu den Auswirkungen des Schutz-faktors „Sozialkapital" (Badura 2007a, b – Bielefelder Sozialkapital-Index BISI) gezeigt werden.

Im Rahmen eines umfangreichen empirischen Forschungsprojekts an der Fakultät für Gesundheitswissenschaften der Universität Bielefeld konnte die These von einem engen Zusammenhang zwischen betrieblichem Sozialkapital und gesundheitlichem Wohlbefinden und der Arbeitsqualität der Beschäftigten belegt werden. Zur empirischen Überprüfung wurde ein Fragebogen entwickelt, und es wurden 3.208 Beschäftigte befragt.

Badura unterteilt das Sozialkapital in die drei Aspekte: Netzwerkkapital (Teamebene), Wertekapital („gelebte" Kultur) und Führungskapital (vgl. Abb. 5).

Abb. 5: Sozialkapital (eigene Darstellung in Anlehnung an Badura 2007a, b)

Fragen zur Wertschätzung – Bielefelder Sozialkapital-Index

„In unserem Unternehmen leben die Geschäftsführung und die Belegschaft in zwei verschiedenen Welten."

„Trotz allen partnerschaftlichen Geredes werden die Beschäftigten bei uns nicht alle gleich behandelt."

„Die Wertschätzung eines jeden einzelnen Mitarbeiters ist in unserem Unternehmen hoch" vs. „Bei uns bringen sich alle Beschäftigten ein hohes Maß an persönlicher Wertschätzung und Anerkennung entgegen."

Trotz gewisser Schwierigkeiten der Repräsentativität (z. B. Dominanz von mittelständigen Firmen mit der Produktion von materiellen Gütern in der Untersuchung) hat die Studie gezeigt, dass es sich auch aus betriebswirtschaftlicher Sicht lohnt, Mitarbeiterbefragungen zum „Sozialkapital" durchzuführen (vgl. Abb. 6).

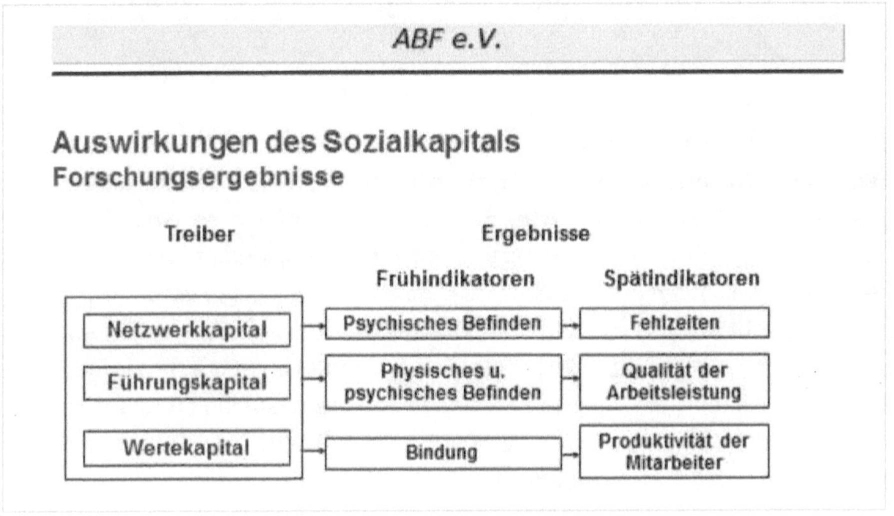

Abb. 6: Auswirkungen des Sozialkapitals
(eigene Darstellung in Anlehnung an Publikationen der Unfallkasse des Bundes)

Literatur

Badura, B. (2007a): „Grundlagen präventiver Gesundheitspolitik – Das Sozialkapital in Organisationen", in: Kirch, W., Badura, B. (Hg.), *Prävention. Beiträge des Nationalen Präventionskongresses, Dresden, 24.–27.10.2007*, Berlin, Heidelberg, New York

Badura, B. (2007b): „Betriebliches Gesundheitsmanagement: Ziele, Grundlagen, Vorgehensweise", Vortrag in der Friedrich-Ebert-Stiftung Berlin, 29.3.2007, online: http://www.skolamed.de/hot/hot2007/badura.pdf [19.11.2014]

Rixgens, P. (2009): „Messung von Sozialkapital im Betrieb durch den Bielefelder Sozialkapital-Index (BISI)", in: Badura, B., Schröder, H., Klose, J., Macco, K.

(Hg.), *Fehlzeiten-Report 2009. Arbeit und Psyche: Belastungen reduzieren – Wohlbefinden fördern.* Heidelberg, 263–271

1.2 Gesundheitsmanagement an der FH Potsdam

Von Judith Malkowski/FH Potsdam

Die Fachhochschule Potsdam besteht seit 21 Jahren. An der Hochschule studieren 3.420 Studierende in fünf Fachbereichen und in 22 Studiengängen. Die Hochschule hat 270 Beschäftigte, davon sind 98 Professoren. Konzeptioneller Ausgangspunkt für die Entwicklung und Implementierung eines hochschulweiten Gesundheitsmanagements ist die These, dass leistungsfähige, gesunde und motivierte Beschäftigte in sozialer wie ökonomischer Hinsicht die Grundvoraussetzung für eine erfolgreiche Hochschule sind. Investitionen in die Gesundheit werden sich daher für alle Hochschulbeschäftigten auszahlen. Vor diesem Hintergrund zeichnen sich zwei zentrale Handlungsfelder für das Gesundheitsmanagement an der FH Potsdam ab:

1. die Minimierung belastender und gesundheitsgefährdender Faktoren und
2. die Stärkung der körperlichen, psychischen und sozialen Schutzfaktoren.

Die Überlegung, ein ganzheitliches Gesundheitsmanagement an der Hochschule einzuführen, entstand im Frühjahr 2013. Nach ersten Vorüberlegungen und Recherchen gingen die Ideen weit über die Etablierung von Sportangeboten oder die ergonomische Anpassung von Arbeitsplätzen als präventive Arbeitsschutzmaßnahme und über Teilzeitarbeitsmodelle hinaus.

Der Entscheidung für ein Managementsystem liegt der Wunsch nach einer grundsätzlichen Betrachtungs- und Herangehensweise an das Thema Gesundheit in den Strukturen der FH Potsdam zugrunde. Die Erfahrungen aus der Arbeit des

FAMteams[8] haben gezeigt, dass eine Mitnahme aller Akteure und Akteurinnen eine notwendige Voraussetzung zur Erreichung von Bewusstsein und Veränderung ist. Es reicht in der Regel nicht aus, Service- und Angebotsstrukturen zu schaffen und individuelle sowie strukturelle Bedingungen unberücksichtigt zu lassen. Durch die Einführung eines Managementsystems können bisherige Einzelfallregelungen Verbindlichkeit erlangen und Verfahren verlässlich werden. Das Vorhaben wird durch die Entscheidung der Hochschulleitung getragen.

Für die Gestaltung des Gesundheitsmanagements an der FH Potsdam wird angestrebt, Akteure aller Hochschulbereiche, Gremien und Statusgruppen einzubeziehen, um dem hochschuleigenen Anspruch der umfassenden Umsetzung gerecht zu werden. Dem ersten Umsetzungszyklus soll ein Beratungs- und Beteiligungssystem folgen, das die Weiterentwicklung der begonnenen Prozesse ermöglicht. Hier scheint die Form der Qualitätszirkel erstrebenswert.

Eine erste Bestandsaufnahme ergab, dass es bereits diverse hochschulinterne Angebote zur Gesundheitsförderung gibt:

- Sport- und Bewegungsangebote in den Pausen
- Massageangebote
- ein umfangreiches Sportangebot für Studierende und Beschäftigte der FHP, das in Kooperation mit dem Zentrum für Hochschulsport der benachbarten Universität Potsdam angeboten wird
- turnusmäßige Vorsorgeuntersuchungen G37[9] für Inhaber von Computerarbeitsplätzen
- Resilienztrainings für Frauen, angeboten über die Gleichstellungsbeauftragte
- Einführung eines Fehlzeitenmanagements bzw. eines Betrieblichen Eingliederungsmanagements

---

8   Das Familienteam (FAMteam) der Fachhochschule Potsdam plant und organisiert die Kinderbetreuung und unterstützt Studierende und Mitarbeitende bei Fragen zum Familienalltag oder bei ganz praktischen Dingen wie der Kinderbetreuung.

9   Die Vorsorgeuntersuchung G37 ist eine arbeitsmedizinische Vorsorgeuntersuchung für Bildschirm-Arbeitsplätze, um Schäden zu verhindern oder frühzeitig zu erkennen, siehe auch http://publikationen.dguv.de/dguv/pdf/10002/bgi785.pdf [19.11.2014].

- entlastende Angebote zur Work-Life-Balance durch das Familienbüro (FAM-team)

Deutlich wurde bei der Bestandsaufnahme, dass verschiedene Themenkomplexe noch eine genauere Betrachtung und ein strategisches Handeln erfordern:

- Führungsverhalten vorzugsweise im wissenschaftlichen Bereich
- alters- und familiengerechte Arbeitsgestaltung

Für den Projektstart im kommenden Jahr ist beabsichtigt, die studentischen Belange vorerst etwas zurückzustellen. Angestrebt ist aber eine kontinuierliche Informationsübermittlung über die Aktivitäten im Beschäftigtenbereich der Fachhochschule. Grund für diese Entscheidung ist die oft nicht einfache Suche nach Ansprechpartnern und Ansprechpartnerinnen und nach Verbindlichkeit auf studentischer Seite bei längerfristigen Vorhaben. Dies liegt verständlicherweise in der Natur des studienorientierten Aufenthalts an der Hochschule und der damit verbundenen knappen Ressourcen für langfristig bindende Aufgaben.

Aktuell steht die FH Potsdam in Kontakt mit erfahrenen Kooperationspartnern im Gesundheitsmanagement an Hochschulen (Krankenkassen, TÜV). Inhalt der Kooperation ist die Prozessgestaltung und -begleitung mit externen Ressourcen sowie die Umsetzung und Nachhaltung der gesundheitsfördernden Maßnahmen.

Für die Etablierung des Projektes wurde ein Steuerkreis ins Leben gerufen, der sich sowohl aus Vertreter_innen der Fachbereiche, der Verwaltung und des technischen Personals sowie der freien Projekte zusammensetzt. Darüber hinaus sind Vertreter_innen der Hochschulgremien im Steuerkreis involviert. Der Kreis besteht aus 16 Mitgliedern. Er wird in einem ersten Schritt Ziele im Rahmen eines Zielfindungsworkshops formulieren und Meilensteine festlegen. Alle Beschäftigten werden über eine eigene Informationsplattform im Intranet über den jeweiligen Projektstand informiert. Eine turnusmäßige Rückschau auf erreichte und offene Ziele in Form eines Evaluationsberichtes bietet die Möglichkeit der kontinuierlichen Weiterentwicklung.

1.3 Das Projekt „Gesundheitsmanagement" an der BTU Cottbus-Senftenberg

Von Birgit Berlin/BTU Cottbus-Senftenberg

Die Entwicklung des Projekts „Gesundheitsmanagement" an der BTU Cottbus-Senftenberg[10] startete 2008 mit einem ersten Workshop, in dem das Ziel der gemeinsamen Arbeit definiert wurde. Da die Mitarbeiter_innen die wichtigste Ressource der BTU sind, ist deren Motivation und Wohlbefinden oberstes Anliegen der Tätigkeit im Rahmen des Projekts „Gesundheitsmanagement". Es wurde daher vereinbart, dass bereits bestehende Maßnahmen zur Erhaltung und Verbesserung der Gesundheit und des Wohlbefindens der Beschäftigten und der Studierenden weiterentwickelt und weitere, neue Maßnahmen ausgearbeitet werden. Gleichzeitig steigert dies auch die Attraktivität der Universität.

Die geplanten Maßnahmen ergeben sich aus der Selbstverpflichtung der BTU Cottbus-Senftenberg im Rahmen der Antragsstellung zum Prädikat „Total E-Quality", des Gleichstellungskonzeptes als Voraussetzung zur Teilnahme am Professorinnenprogramm sowie der Zielvereinbarung der berufundfamilie gGmbH mit der Hochschulleitung zum „audit familiengerechte hochschule". 2009 wurden die im ersten Workshop für erforderlich gehaltenen Maßnahmen im Katalog in Form von Aktionsfeldern eingearbeitet. Ein Jahr später wurde eine entsprechende Zielvereinbarung zwischen dem damaligen Präsidenten Prof. Dr. habil. Walther Ch. Zimmerli (DPhil. h.c., University of Stellenbosch) und der Gleichstellungsbeauftragten Ehrengard Heinzig für den Zeitraum 2010–2012 (Verlängerung bis Dez. 2013) abgeschlossen. Zum 18. Juni 2010 wurde eine Teilzeitstelle (10 Std./Woche) für die Projektkoordination eingerichtet.

Die mit dem Projekt „Gesundheitsmanagement" beauftragte Projektgruppe setzt sich aus dem Arbeitsmedizinischen Dienst, der Vertretung des Gesamtpersonalrates, der Gleichstellungsbeauftragten, der Schwerbehindertenvertretung,

---

10 Die ehemalige BTU Cottbus fusionierte am 01.07.2013 mit der FH Lausitz zur „Brandenburgischen Technischen Universität Cottbus-Senftenberg".

dem Sicherheitsingenieur, dem Studentenwerk, dem Studierendenrat – Referat Soziales, der Universitätsverwaltung, der Zentralen Einrichtung Hochschulsport und dem Weiterbildungszentrum zusammen.

Im Zuge der Umsetzung der Maßnahmen wurden insgesamt sechs Aktionsfelder vereinbart: Aktionsfeld 1 beinhaltet die Koordination der Prozesse zur Gesundheitsförderung und zur Erhaltung der Beschäftigungsfähigkeit durch den Betriebsarzt bzw. die Betriebsärztin. Aktionsfeld 2 bezieht sich auf die Weiterbildungsangebote des Weiterbildungszentrums, auch in Zusammenarbeit mit dem Projekt „Gesundheitsmanagement". Diese Angebote sollen für alle Bediensteten, Führungskräfte, vor allem auch die weiblichen Führungskräfte und Frauen im Allgemeinen gelten. Aktionsfeld 3 beinhaltet die Angebote im Bereich Hochschulsport, wozu auch die Gymnastik am Arbeitsplatz und der sog. Pausenexpress zählen. Aktionsfeld 4 fokussiert die Angebote des Career Centers und Aktionsfeld 5 die Angebote des Studentenwerks im sozialen Bereich sowie in Bezug auf gesunde Ernährung. Weitere übergreifende Angebote sind im Aktionsfeld 6 enthalten.

Seit Dezember 2011 ist das Thema des Gesundheitsmanagements im Leitbild der damaligen BTU Cottbus verankert: „Die BTU verfolgt das Ziel, gesundheitsförderliche Arbeits-, Studien- und Lebensbedingungen für alle Mitglieder und Angehörigen der Hochschule zu schaffen." Zudem findet jährlich gemeinsam mit dem Familienbüro ein „Tag der Gesundheit" zu Themen wie Sport, Pflege und Familie statt. Auch gibt es seither einen Flyer mit Informationen zu Kontaktpersonen in Konfliktsituationen, ein Eltern-Netzwerk für bedienstete und studierende BTU-Angehörige, das Angebot einer mobilen Massageleistung und ein Betriebliches Eingliederungsmanagement (BEM).

Querschnittsthemen ergeben sich aus den täglichen Herausforderungen, die Studium, Familie oder Beruf mit sich bringen und die Grenzen der eigenen Leistungsfähigkeit aufzeigen. In Extremsituationen können sie zu persönlichen, körperlichen und psychischen Belastungen bis hin zu gesundheitlichen Problemen führen. Mit dem Projekt „Gesundheitsmanagement" soll hierfür sensibilisiert werden, insbesondere dafür, den Fokus auf die „Achtsamkeit für sich selbst" zu richten.

Im Bereich Personalentwicklung gibt es daher Maßnahmen, die den gesundheitsfördernden Arbeitsbedingungen dienen. Dazu zählen unter anderem die Mitarbeitendenbefragung, das Betriebliche Eingliederungsmanagement und die Arbeitszeitregelung. Unter dem Aspekt des Lebenslangen Lernens werden zusätzlich Trainings, Workshops und Fortbildungsreihen zu gesundheitsförderlichen Themen angeboten, wie zum Beispiel ein Führungstraining für Frauen und Change Management. Auch im Rahmen der Chancengleichheit werden Maßnahmen ergriffen. So werden zum Beispiel Frauen in Workshops wie „Clever contern" und in Programmen wie „Mentoring für Frauen" und „PROFEM" für eine geschlechtsspezifische Benachteiligung sensibilisiert. Auch soll eine gleichstellungs- und familienorientierte Kultur an der Universität geschaffen und bewahrt sowie die Beratung in Angelegenheiten ermöglicht werden, welche die Gleichstellung von Frauen und Männern betreffen. Auch das Diversity Management der BTU führt Maßnahmen durch, die der Anerkennung und Wertschätzung einer und eines jeden dienen, unabhängig von Geschlecht, Alter, sozialer und ethnischer Herkunft, sexueller Orientierung, körperlicher Beeinträchtigung, Religion oder Weltanschauung. So wurde zum Beispiel ein Leitfaden bezüglich der Barrierefreiheit auf dem Zentralcampus und ein Flyer für den Queer-Stammtisch erstellt. Es gibt einen Newsletter zum Thema Mitarbeitendengespräche und eine Ringveranstaltung, die jedes Semester verschiedene Dimensionen des Diversity Managements in den Fokus stellt. Zur Vereinbarung von Familie, Studium und Beruf gibt es auch im Bereich Familie zahlreiche Angebote für Hochschulmitglieder und -angehörige mit Familienaufgaben wie das Eltern-Kind-Netzwerk, den Nachteilsausgleich und den Gesundheitstag.

Trotz aller Maßnahmen sind auch Hürden zu überwinden. Bedingt durch ein stetig wachsendes Arbeitspensum und viele befristete Beschäftigungsverhältnisse an Hochschulen ist es schwierig, die Mitglieder und Angehörige für diese Thematik zu sensibilisieren.

1.4 Diskussion

Als inhaltliche Erweiterung des Gesundheitsmanagements an Hochschulen wurde das altersgerechte Gesundheitsmanagement diskutiert. Dieses umfasst Aufgabenfelder wie z. B. altersgerechte, angepasste Arbeitszeitmodelle, Modelle des Vorarbeitens und der vorzeitigen Freistellung, aber auch ergonomische Arbeitsplätze.

Ein weiterer Diskussionspunkt bezog sich auf ein geschlechtsspezifisches Gesundheitsmanagement. Noch werden überwiegend Hochschulmitarbeiterinnen durch das Angebot angesprochen. Es stellt sich die Frage, mit welchen zielgruppenspezifischen Angeboten die männlichen Beschäftigten angesprochen werden können, um sie gezielt in das Gesundheitsmanagement einzubinden. Dies dürfte eine wichtige Voraussetzung sein, die Nachhaltigkeit eines hochschulweiten Gesundheitsmanagements zu sichern.

Im Sinne einer langfristigen Verankerung sollte das Gesundheitsmanagement, so die übereinstimmende Meinung, in der Hochschule als Daueraufgabe und als Teil des Qualitätsmanagements etabliert werden. Dafür müsse das Gesundheitsmanagement über eine Steuerungsgruppe in der Hochschule verankert werden, welche die Maßnahmen und Angebote des Gesundheitsmanagements (z. B. Gymnastik am Arbeitsplatz/Pausenexpress oder gesundes Essen als Angebot des Studentenwerks) bündelt und für alle sichtbar macht.

Forum 2   Qualitätsmanagement

Qualitätsmanagement bedeutet weit mehr als nur die Qualität der Lehre und gehört zu den hochschulweiten Aufgaben. Da hierfür zentrale Ziele, Prozesse und Ergebnisse zur Qualitätsverbesserung in Forschung, Lehre und Administration formuliert werden, stellt das Qualitätsmanagement einen wichtigen Aspekt der Personalentwicklung dar. In den vergangenen Jahren haben die Hochschulen in Deutschland eine Reihe von einzelnen Maßnahmen zur Qualitätssicherung eingeführt. Noch fehlt es an integrierten Systemen, die alle wichtigen Leistungsprozesse der Hochschule und alle wesentlichen Qualitätsdimensionen umfassen, so etwa auch die des Gender Mainstreamings, der Familienfreundlichkeit und des Gesundheitsmanagements (vgl. u. a. Winde 2010). Zentrale Fragen sind:

- Welche Felder sollte ein ganzheitliches Qualitätsmanagement an Hochschulen umfassen?
- Wie können Qualitätsentwicklung und strategische Personalentwicklung miteinander verknüpft werden?

Im Forum wurden die langjährigen Erfahrungen mit dem Aufbau eines Qualitätsmanagementsystems sowie verschiedene Qualitätsdimensionen (Systemakkreditierung, Charta guter Forschung, Gleichstellung) für ein ganzheitliches Qualitätsmanagement vorgestellt.

Literatur

Winde, M. (Hg.) (2010): „Von der Qualitätsmessung zum Qualitätsmanagement.
Praxisbeispiele. Edition Stifterverband Deutsche Wissenschaft", online:
http://www.stifterverband.org/publikationen_und_podcasts/positionen_do
kumentationen/von_der_qualitaetsmessung_zum_qualitaetsmanagement/
index.html [19.11.2014]

2.1 Welchen Weg zum Aufbau eines Qualitätsmanagementsystems hat die TH Wildau durchlaufen?

Von Andrea Schmid/TH Wildau

Grundlage für den Aufbau des QM-Systems an der Technischen Hochschule
Wildau bildeten die internationalen Normen DIN ISO 9001 und DIN ISO 29990.
Auf dieser Basis erfolgte die Zertifizierung der Hochschule 2009 und die Rezerti-
fizierung 2012. Das Leitbild der Hochschule enthält Aussagen sowohl zur Qualität, Chancengleichheit und Vereinbarkeit von Beruf, Studium und Familie wie
auch zur Förderung von Mitarbeitenden. Im Leitbild der TH Wildau[11] heißt es
zum Thema Qualität:

> Die Evaluation von Lehre, Forschung und Administration ist für uns ein
> Instrumentarium der Qualitätsentwicklung und -sicherung, Ausdruck
> von Transparenz sowie die Basis für die Vergleichbarkeit unseres Wir-
> kens auf allen Ebenen in und außerhalb der Hochschule.

---

11 Zum Leitbild der TH Wildau vgl. http://www.th-wildau.de/vor-dem-
studium/hochschule/leitbild.html [19.11.2014].

Zum Leistungsanspruch heißt es:

> In der Förderung unserer Mitarbeiter sehen wir das entscheidende Potenzial zur Erreichung unseres Leistungsanspruches. Die Zusammenarbeit ist gekennzeichnet durch Information und Transparenz, demokratische Beteiligung und den Willen zur Konfliktbewältigung. Wer an der TH Wildau arbeitet, stellt sich hohen Leistungsanforderungen und ist fähig und bereit, an ihrer Realisierung aktiv mitzuwirken.

Das Qualitätsmanagement-System (QM-System) der Hochschule erweitert sich durch neue Anforderungen wie die Vereinbarkeit von Familie und Beruf sowie Gleichstellung zu einem integrierten Managementsystem. Der erreichte Stand in puncto Familienfreundlichkeit und die geplanten Maßnahmen für die Folgejahre wurden in dem „audit familiengerechte hochschule" 2009 bewertet. 2012 konnte die Hochschule erneut erfolgreich reauditiert werden. Die Maßnahmen zur Umsetzung familiengerechter Aspekte unterliegen wie die Maßnahmen aus den Qualitätsaudits einer jährlichen Bewertung. Dadurch kann eine kontinuierliche Verbesserung der Abläufe gewährleistet werden.

Wie findet sich die Personalentwicklung im Qualitätsmanagementsystem wieder?

Im Zuge der Einführung des Qualitätsmanagementsystems wurde eine Prozesslandkarte erstellt mit den Führungs-, Kern- und Unterstützungsprozessen der Hochschule. Die Personalentwicklung ist ein Bestandteil des Führungsprozesses und umfasst die Auswahl und Berufung von Professorinnen und Professoren, die Auswahl und Bewertung von Lehrbeauftragten und die Kompetenzentwicklung der Mitarbeiter_innen. Auch die Aspekte der Gleichstellung und der familienfreundlichen Hochschule sind Bestandteil der Personalentwicklung sowie die Beförderung der Mitarbeiterzufriedenheit und -motivation.

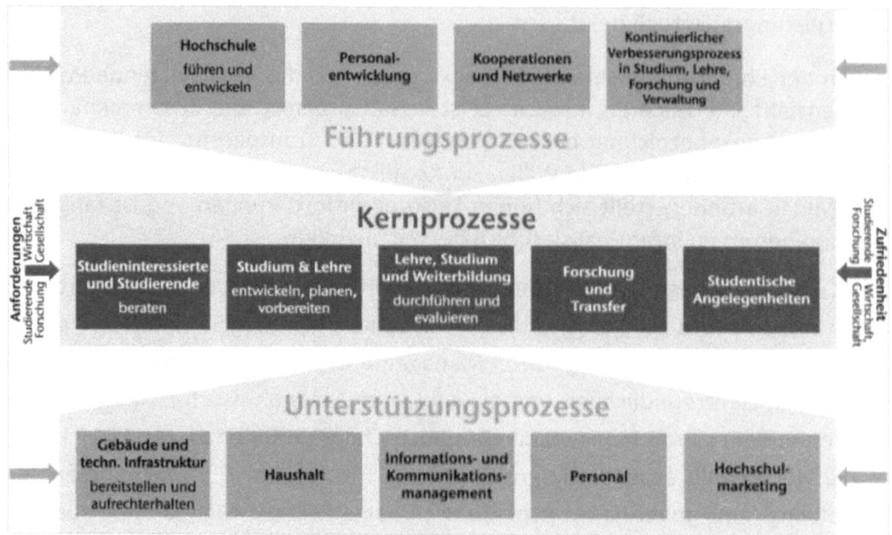

Abb. 7: Prozesslandschaft der TH Wildau (THW 2014)

Instrumente und Methoden zur Förderung und Evaluierung der Personalentwicklung

In der *Mitarbeiterbefragung 2013* wurde auch die Zufriedenheit mit der Tätigkeit und mit Weiterbildungsmöglichkeiten erhoben. Das Ergebnis zeigt ein differenziertes Bild für die verschiedenen Beschäftigtengruppen. Wissenschaftliche Mitarbeiter_innen in der Lehre sind am zufriedensten, die Laboringenieure bewerten dagegen die eigenen Weiterbildungsmöglichkeiten mit 3 („trifft teils-teils zu").

Zielvereinbarung „familienfreundliche hochschule"

In der Zielvereinbarung zum „audit familiengerechte hochschule" sind im Handlungsfeld Führungskompetenz Maßnahmen für die Jahre 2013–2015 festgehalten. Diese umfassen unter anderem Vorträge für Führungskräfte aus der Verwaltung und Wissenschaft zum strukturell wie kulturell bedingten Widerspruch von

Wissenschaftsverständnis und Vereinbarkeit von Beruf und Familie. Die Hochschulleitung und Führungskräfte sollen sich auf die Kernpunkte eines familienbewussten Führungsverhaltens in Verwaltung und Wissenschaft verständigen und dazu Leitsätze formulieren.

Aussagen zur Tätigkeit (Frageblock A)	Beschäftigtengruppe					
	Prof	AMi Lehre	AMi Forsch	Labor-Ing	Ang	Azubis
Mir gefällt meine Tätigkeit in unserer Hochschule.	2	1	2	2	1	2
Ich kann meine Kenntnisse und Fähigkeiten voll in meine Tätigkeit einbringen.	2	1	2	2	2	3
Ich kann Weiterbildungsangebote, die mein Aufgabenbereich betreffen, wahrnehmen.	2	1	2	3	2	2
Meine Arbeit ist mir wichtig.	1	1	1	1	1	1

Abb. 8: Zufriedenheitsmediane mit Tätigkeit nach Beschäftigtengruppen (THW 2013)

Im Handlungsfeld Personalentwicklung sind die folgenden Maßnahmen beschrieben: Aufbauend auf dem Leitfaden werden bei familienbedingten Freistellungen Ausstiegs- und Wiedereinstiegsgespräche angeboten. Die Verfahrensweise und Bewertungskriterien bei Berufungen werden unter Familien- und Gleichstellungsaspekten überprüft und angepasst. Die Professionalisierung von Berufungskommissionen und ihrer Vorsitzenden wird vorangetrieben. Die Umsetzung der Maßnahmen wird in jährlichen Berichten dokumentiert und zum Re-Audit 2015 bewertet.

Wie ist die Bilanz, bezogen auf ein ganzheitliches Qualitätsmanagementsystem?

Einige Prozesse der Mitarbeiterorientierung und Personalentwicklung sind gut eingeführt. Dazu zählen das Erheben der Zufriedenheit der Mitarbeitenden in regelmäßigen Abständen, die Auswertung und Kommunikation der Ergebnisse und das Umsetzen von Maßnahmen.

Handlungsbedarfe in der Personalentwicklung resultieren aus den o. g. Maßnahmen sowie aus den internen und externen Audits und den strategischen Zielen der Hochschule. Das Einbinden der Maßnahmen in vorhandene Strukturen und die Vernetzung der Akteure und Akteurinnen ist zwingend notwendig, wenn ein ganzheitliches Qualitätsmanagement angestrebt wird.

Handlungsbedarf besteht z. B. darin, das Thema Personalentwicklung in das Mitarbeitendengespräch aufzunehmen und sich in der Hochschule über den Turnus und die Verbindlichkeit für dieses Gespräch zu verständigen. Für Projektmitarbeiter_innen sind aufgrund der befristeten Projektstellen die Möglichkeiten zur persönlichen Weiterentwicklung besonders wichtig. Hier ist auch die Zuordnung der Projektmitarbeiter_innen zu klären. Nicht immer ist klar, ob die Projektleitung auch gleichzeitig die Führungskraft ist, die das Gespräch führt.

Fazit

Qualitätsmanagement kann Personalentwicklung befördern, wenn ein integrierter Ansatz angestrebt wird, der die Anforderungen aus Normen, aus externen Audits oder aus eigenen Vorgaben wie z. B. den strategischen Hochschulzielen verbindet.

Für das Qualitätsmanagement bietet darüber hinaus auch das EFQM Excellence Model[12] Anregungen. Das Modell enthält acht Grundkonzepte der Excellence, die Erfolgskriterien exzellenter Organisationen benennen. Ein Grundkonzept enthält Aussagen zum Thema Mitarbeitende. Es heißt „Durch Mitarbeiterinnen und Mitarbeiter erfolgreich sein". Mitarbeitende werden hier als Befähiger gesehen, die wesentlichen Einfluss auf die Ergebnisse einer Organisation besitzen:

> Excellent organisations value their people and create a culture that allows the mutually beneficial achievement of organisational and personal

---

12   Zum EFQM-Modell vgl. http://www.efqm.org [19.11.2014].

goals. They develop the capabilities of their people and promote fairness and equality. They care for, communicate, reward and recognise, in a way that motivates people, builds commitment and enables them to use their skills and knowledge for the benefit of the organisation.[13]

Literatur

EFQM (o. J.): „The EFQM Excellence Model", online: http://www.efqm.org/the-efqm-excellence-model [10.12.2014]

THW (2014): „Qualitätsmanagement - TQM. Prozesslandkarte der Hochschule", online: http://www.th-wildau.de/hochschule/einrichtungen/tqm/prozesse-der-th-wildau.html [10.12.2014]

THW (2013): „Bericht zur Mitarbeiter_innenbefragung 2013 an der TH Wildau", unveröff.

2.2 Systemakkreditierung an der TH Wildau

Von Ole Peters/TH Wildau

Die perspektivische Entwicklung des Qualitätssicherungssystems in Studium und Lehre an der Technischen Hochschule Wildau [FH] lässt sich anhand einiger Eckpunkte zur Systemakkreditierung darstellen.

Ausgangssituation

Die Technische Hochschule Wildau befindet sich seit 2011 im Verfahren zur Erlangung der Systemakkreditierung. Eine solche Zertifizierung erfordert den Aufbau und Nachweis der Funktionsfähigkeit eines geschlossenen Qualitätsmanagementsystems (QMS) unter der Berücksichtigung/Einhaltung der geltenden

---

13 Ebd.

Vorgaben (u. a. die Regeln für die Akkreditierung von Studiengängen und für die Systemakkreditierung [Akkreditierungsrat Drs. AR 20/2013][14]).

Status quo der Verfahrensumsetzung

Die Technische Hochschule Wildau verfügt gegenwärtig über zwei Qualitätssicherungssysteme. Zum einen die „internen Akkreditierungsaudits", die im Wesentlichen eine – für unsere Bedürfnisse angepasste – Adaption der gängigen externen Programmakkreditierungen darstellen. Zum anderen das im Nachfolgenden beschriebene „jährliche Qualitätsaudit".

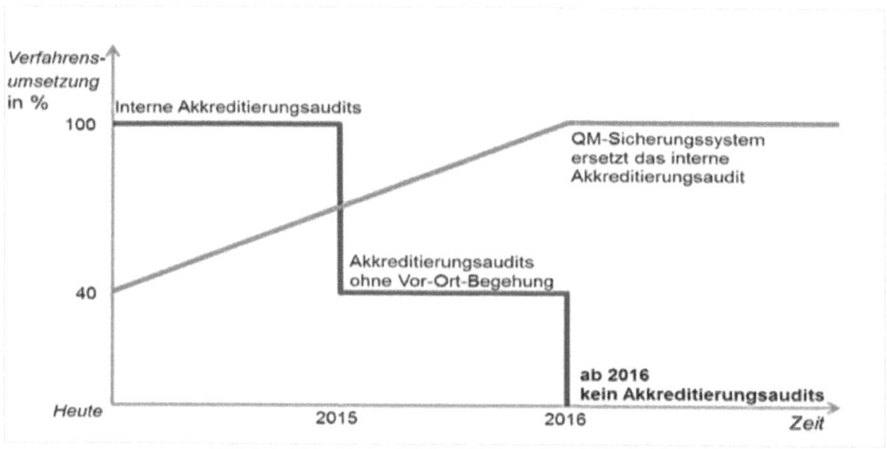

Abb. 9: Verfahrensumsetzung der Systemakkreditierung (eigene Darstellung)

Wie aus Abb. 10 hervorgeht, ist das System des jährlichen Qualitätsaudits in Teilen implementiert.

---

14 Zu den Regeln für die Akkreditierung von Studiengängen und für die Systemakkreditierung vgl. http://www.akkreditierungsrat.de/fileadmin/ Seiteninhalte/ AR/Beschluesse/AR_Regeln_Studiengaenge_aktuell.pdf [19.11.2014].

Weiterentwicklung des jährlichen Qualitätsaudits

Die Weiterentwicklung unseres Qualitätssicherungssystems mit seinen kürzeren Prüfzyklen wird getragen von multilateraler Kommunikation, der Schaffung von Transparenz und der *gemeinsamen* Festlegung von mess- und auswertbaren Qualitätszielen. Eine wichtige Basis stellt jedoch vor allem die Bereitstellung umfassender Services im Bereich der operativen Umsetzung der Verfahren dar.

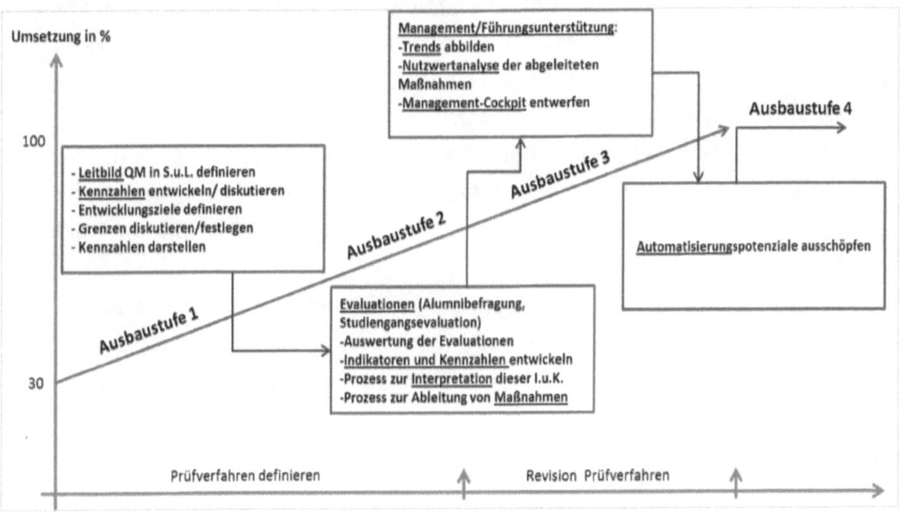

Abb. 10: Weiterentwicklung des jährlichen Qualitätsaudits (eigene Darstellung)

Vision

Im Ergebnis soll ein kennzahlengestütztes und prozessorientiertes QMS entstehen. Es soll dabei die an der Qualitätsentwicklung in Studium und Lehre beteiligten Abteilungen der Hochschule zusammenführen. Daraus abgeleitet wird der Hochschulleitung, den Dekanen und den Studiengangsverantwortlichen ein Instrument zur Weiterentwicklung an die Seite gestellt, und vor allem werden die guten Studienbedingungen nachhaltig gefestigt und weiter gestaltet.

2.3 Qualitätskriterien in der Forschung

Von Nadja Cirulies/SEWKHO

Die *Human Resources Strategy for Researchers* (HRS4R) unterstützt Forschungsinstitutionen und Fördereinrichtungen bei der strategischen Umsetzung der European *Charter for Researchers and Code of Conduct for the Recruitment of Researchers* in die Praxis. Die konkrete Implementierung des *Charter and Code* in der Hochschule erhöht die Attraktivität als Arbeitgeberin für Forscherinnen[15], die einen Arbeitsplatz suchen, neue Erfahrungen sammeln wollen oder die Förderung ihrer Forschungsprojekte suchen.

Das Logo „HR Excellence in Research" identifiziert Forschungseinrichtungen als Förderinstitutionen und Unterstützung einer motivierenden und hervorragenden Arbeitsumgebung für Forschende. Dazu möchte sich in Zukunft auch die Fachhochschule Brandenburg zählen.

Seit der Übernahme der Kommissionsempfehlungen in den *Charter and Code 2005* haben über 1.200 Institutionen aus 35 europäischen Ländern sowie internationale Organisationen ihre ausdrückliche Unterstützung angezeigt.

Was ist die Human Resources Strategy for Researchers?

Sie ist ein Werkzeug, das Arbeitgeberinnen und Förderinnen hilft, die Prinzipien des *Charter and Code* in die Praxis umzusetzen. Sie besitzt folgende Eigenschaften:

- Sie wird freiwillig von Forschungseinrichtungen und Hochschulen eingesetzt.
- Sie basiert auf einer internen Selbsteinschätzung und respektiert die Autonomie der Einrichtungen.

---

15 Hinweis: Ausschließlich aus Gründen der besseren Lesbarkeit wird im Text nur die weibliche Form verwendet. Gemeint ist stets sowohl die männliche als auch die weibliche Form.

- Sie ist aus Verwaltungsperspektive so einfach wie möglich gehalten und vermeidet umständliche Prozesse, dabei berücksichtigt sie die Vielfalt der Einrichtungen und der nationalen Forschungslandschaften.
- Sie ist keine Voraussetzung dafür, dass Einrichtungen am europäischen Forschungsnetzwerk teilnehmen.

Sie sichert den teilnehmenden Forschungseinrichtungen durch die Vergabe eines Logos, dass in der Öffentlichkeit schnell ersichtlich wird: Hier werden mit konkreten Maßnahmen und Strategien die Prinzipien des *Charter and Code* umgesetzt. Hochschulen können so ihre Attraktivität für exzellente Forscherinnen steigern.

Wie wird HRS4R umgesetzt?

Fünf Schritte werden vorgeschlagen:

1. In einer internen Stärken-Schwächen-Analyse wird die aktuelle Umsetzung der Prinzipien des Charter and Code im Detail geprüft.
2. Auf Basis der Ergebnisse entwickelt die Forschungseinrichtung eine HR-Strategie, die einen konkreten Maßnahmenplan enthält. Dieses Dokument wird veröffentlicht.
3. Die Analyse und der Maßnahmenplan werden begutachtet und von der Europäischen Kommission anerkannt. Die Anerkennung führt zur Vergabe des Logos „HR Excellence in Research" und zum Recht seiner Verwendung.
4. Fortschritte bei der Umsetzung der Strategie und des Maßnahmeplans sind in einer Selbsteinschätzung nach zwei Jahren niederzulegen.
5. Eine externe Evaluation erfolgt in einem Turnus von vier Jahren.

HRS4R an der Fachhochschule Brandenburg

Unter der Leitung des Vizepräsidenten für Forschung wurde im Sommer 2013 an der FH Brandenburg ein dreiköpfiges Team zusammengestellt. Dieses Team entwickelte auf Basis der 40 Aspekte des *Charter and Code* eine Vorgehensweise zur Erhebung verschiedener Daten aus unterschiedlichen Quellen. Insgesamt wurden drei methodische Zugänge gewählt, um an die notwendigen Daten zur Beurteilung der Gesamtsituation für Forscherinnen an der FH zu gelangen.

Im Zuge der Erhebungen werden alle Ebenen der Organisation involviert, die Einfluss auf die Qualität der Forschung und der Forschungsbedingungen haben, wie das Präsidium, die Verwaltung, Hochschullehrerinnen, wissenschaftliche Mitarbeiterinnen und Doktorandinnen.

- Es wurde eine umfassende Dokumentenrecherche durchgeführt. Im Anschluss daran wurden die Dokumente auf ihren Gehalt an gesetzlichen und rechtlichen Regeln sowie auf Vereinbarungen und Hinweise für die institutionellen Praktiken hin analysiert und ihre Reichweite geprüft. Zu den rechtlichen Grundlagen zählen zum Beispiel neben dem Grundgesetz, in dem die „Freiheit der Forschung" festgeschrieben ist, die Hochschulgesetze des Landes Brandenburg sowie die Grundordnung der Hochschule. Dokumente, die Hinweise für gute wissenschaftliche Praxis enthalten, stammen unter anderem von der Hochschulrektorenkonferenz (HRK), den Gewerkschaften oder der Deutschen Forschungsgesellschaft (DFG).
- Eine schriftliche Befragung aller mit Forschung befassten Mitarbeiterinnen wurde im Zeitraum September bis Dezember 2013 durchgeführt. Der Schwerpunkt dieser Befragung lag auf ethischen und berufsständischen Aspekten der Forschung und der Einschätzung von Arbeitsbedingungen und sozialer Sicherheit.
- Es wurden Expertinnengespräche mit erfahrenen Forscherinnen, die Nachwuchswissenschaftlerinnen einstellen und betreuen, sowie mit Expertinnen, die Verantwortung bei der Auswahl und Einstellung von Mitarbeiterinnen in der Forschung übernehmen, geführt. Die Gespräche haben Praktiken der Rekrutierung sowie Kriterien und Vorgehensweisen bei der Betreuung von wissenschaftlichen Mitarbeiterinnen und Nachwuchswissenschaftlerinnen zum Gegenstand.
- Im Nachgang der schriftlichen und mündlichen Befragungen wurden die Ergebnisse in einer Präsentationsveranstaltung mit beteiligten Forscherin-

nen zurückgekoppelt und diskutiert. Es können dadurch Meinungen der Forscherinnen ergänzt und kommentiert werden.

Für die Datenerhebungen wurden vier Erhebungsinstrumente entwickelt:

- ein Leitfaden zur Kategorisierung, Priorisierung und Beurteilung von Dokumenten,
- ein Gesprächsleitfaden für Personalverantwortliche,
- ein Gesprächsleitfaden für Betreuer_innen von Nachwuchswissenschaftlerinnen und
- ein (Online-)Fragebogen für alle in der Forschung tätigen Mitarbeiterinnen der FHB.

Die Ergebnisse der mündlichen und schriftlichen Befragungen sowie der abschließenden Diskussion erfahrener Forscherinnen in der FHB werden in einem letzten Schritt mit den gesetzlichen Grundlagen und den Vorgaben des *Charter and Code* verglichen und die Qualität ihrer Umsetzung bzw. Einhaltung bewertet. Die Ergebnisse brachten in unserem Fall sowohl irritierende als auch erstaunliche Aspekte der Personalentwicklung zutage. So gab ein Professor an, sich und seine Mitarbeiterinnen nicht mehr qualifizieren zu können, weil sie bereits so spezialisiert seien, dass ihnen niemand mehr das Wasser reichen könne. Ein anderer Projektleiter achtet demgegenüber konsequent darauf, dass seine Mitarbeiterinnen auf Projektkosten an Konferenzen und Fachtagungen teilnehmen und sich in Präsentation und Vortrag qualifizieren. Hier wird deutlich, wie sehr die Umsetzung der Personalentwicklung vor Ort von Führungskultur und Führungspersönlichkeit abhängig ist.

Literatur

European Commission (Hg.) (2005): *Europäische Charta für Forscher – Verhaltenskodex für die Einstellung von Forschern*. European Commission, Directorate General for Research, Directorate The human factor, mobility and Marie Curie activities, Belgien, online: http://ec.europa.eu/euraxess/pdf/brochure _rights/eur_21620_de-en.pdf [19.11.2014]

2.4 Qualitätsmanagement der Hochschule: Ansätze und Instrumente im Bereich Gleichstellung von Frauen und Männern

Von Petra Schmidt-Wiborg/BTU Cottbus-Senftenberg

Mein Input thematisiert Qualitätsmanagement von Hochschulen in Bezug auf Gleichstellung von Frauen und Männern mit einem Seitenblick auf Personalentwicklung. Nach einem ersten Blick auf gesetzliche Grundlagen will ich in Auswahl etwas zum konzeptionellen Ansatz und zu Instrumenten der BTU Cottbus-Senftenberg ausführen. Mein Ausblick dient der Frage, wie die Hochschule ihre Gleichstellungsperformance systematisch entwickeln kann.

1. Gleichstellung als Qualitätsdimension der Hochschule

Warum gehören Qualitätsmanagement, Personalentwicklung und Gleichstellung von Männern und Frauen zusammen? Diesbezüglich ist an den § 7 Abs. 1 des Brandenburgischen Hochschulgesetzes zu erinnern. Er schreibt unter anderem die „Beachtung geschlechtsspezifischer Auswirkungen bei allen Vorschlägen und Entscheidungen als Aufgabe der Hochschulen" fest (das sog. Gender-Mainstreaming-Prinzip).

Gleichstellung ist demnach ein Bereich, in dem *de facto* alle Vorschläge und Entscheidungen Auswirkungen haben. Anders gesagt: Gleichstellung ist eine Qualitätsdimension. Insofern ist es ratsam, dass Hochschulen Gleichstellung bewusst bedenken und aktiv *als* Qualitätsdimension gestalten. So ist die Verknüpfung mit Qualitätsmanagement begründet (zu verstehen als strukturpolitische Kategorie, vgl. Löther 2009:233). Wie sieht dies aber praktisch aus?

2. Ansatz und Instrumente

Was Ansätze von Qualitätsmanagement im Bereich Gleichstellung anbetrifft, können Hochschulen die Qualität der Gleichstellungsarbeit erstens über *externe* Evaluation, Zertifizierung, Auditierung und Ranking feststellen lassen.

Die BTU Cottbus-Senftenberg trägt das „Qualitätsversprechen Kinder und Karriere" (MWFK 2008) sowie die „Qualitätsstandards zur Chancengleichheit von Frauen und Männern an den brandenburgischen Hochschulen" (MWFK 2010) aktiv mit. Beides wurde mit dem Ministerium für Forschung, Wissenschaft und Kultur vereinbart und schließt strukturierte regelmäßige Berichte ein. Auch ist die BTU schon länger hinsichtlich ihrer Gleichstellungsarbeit extern zertifiziert (Prädikat „Total E-Quality") und ist hinsichtlich ihrer Maßnahmen zur Vereinbarkeit von Verpflichtungen in den Bereichen Familie und Wissenschaft auditiert („audit familiengerechte hochschule" der Hertie-Stiftung). Außerdem beteiligt sie sich am gleichstellungsbezogenen Ranking der Hochschulen, welches das Kompetenzzentrum für Frauen in Wissenschaft und Forschung (CEWS) durchführt. Speziell bei Förderanträgen bei der Deutschen Forschungsgemeinschaft (DFG) reflektiert die BTU außerdem ihre Gleichstellungsarbeit im Kontext der forschungsorientierten Gleichstellungsstandards der Deutschen Forschungsgemeinschaft.

Zweitens gibt es im Rahmen der Hochschulautonomie verschiedene *interne* Ansätze des Qualitätsmanagements in Bezug auf Gleichstellung. Quantitativ sind aktuelle und mittel- und langfristig vergleichbare geschlechtergetrennte Daten (aller Leistungsbereiche der Hochschule; im Evaluations-/Berichtswesen) eine unverzichtbare Grundlage für Situationsanalysen.

In der Praxis ist häufig das Erzeugen vergleichbarer Daten über längere Zeiträume und auf einer einheitlichen Datenbasis für verschiedene Akteurinnen und Akteure innerhalb der Hochschule problematisch, aber auch die Schaffung von klar abgegrenzten Zuständigkeiten für Datenerhebung, Evaluation, Berichte und abgestimmte Zusammenführung der Informationen.

Als Beispiel für die praktische Umsetzung möchte ich auf den Bereich Personalentwicklung der BTU eingehen, und zwar speziell auf die Frage der Operationalisierung der erhobenen Daten zum Personalbestand unter dem Gesichtspunkt der Gleichstellung. Grundlegend ist zu beachten, dass Daten geschlechtergetrennt ausgewiesen werden. Die Frage ist vorweg aber, welche Daten überhaupt erhoben werden. An der BTU zielt die Erhebung auf Anteile von Männern und Frauen

1. in allen Struktureinheiten (z. B. im Vergleich zu ähnlichen Einheiten vergleichbarer Hochschulen),
2. nach Hierarchieebenen,
3. nach Art der Professur (Tenure-Track-Professur; Gast-/Honorarprofessur usw.),
4. nach Beschäftigungsdauer/-umfang,
5. nach Finanzierungsquelle (Haushalt, Drittmittel, andere) und
6. nach Einkommensgruppen (Besoldung/Eingruppierung).

Die Erhebungen der BTU gehen weit über diese Punkte hinaus, ich lasse es für jetzt dabei.

Vor der Festlegung sollte man sich klar werden, was man warum prüfen will, *dann* kann man zielgerichtet Daten erheben und *dann* mit deren Hilfe wiederum Gleichstellungsarbeit in bestimmten Kontexten deuten, konkrete Ziele sowie Maßnahmen in Handlungskonzepten und Planungen festsetzen. Dies macht deutlich, dass bei dem internen Ansatz sowohl quantitative als auch qualitative Herangehensweisen des Qualitätsmanagements gebraucht werden.

Was Instrumente anbetrifft, möchte ich zunächst betonen, dass es bei Qualitätsfragen der Gleichstellungsarbeit nicht allein um Dateninterpretation geht. Viel wichtiger sind Beteiligung und Befugnisse sowie das Wissen um Kompetenzen: Wer darf entscheiden, wer darf mitberaten über Kriterien der Bewertung der geleisteten Gleichstellungsarbeit und der zu erhebenden Daten? Und mit welchem gleichstellungsbezogenen Wissen und Kompetenz geschieht dies?

Als selbstverwaltete Institutionen beteiligen Hochschulen gemäß ihren Ordnungen und Richtlinien ihre verschiedenen Statusgruppen auf verschiedenen Ebenen in unterschiedlichem Umfang an Entscheidung und Beratung bezüglich Kriterien der Gleichstellung und des Qualitätsmanagements. Dies gilt auch für die BTU.

In Bezug auf gleichstellungsbezogenes Wissen und die dafür erforderliche Kompetenz der Leitung und der Gremien kommt den beratenden zentralen und dezentralen Gleichstellungsbeauftragten eine Schlüsselfunktion zu. Für die Strukturierung der praktisch-operativen Ebene sind besonders die dezentralen Gleichstellungspläne und Frauenförderrichtlinien von Bedeutung.

Auch Professuren, deren Denomination Gleichstellung teilweise umfasst, oder Forschungsprojekte mit Gleichstellungsbezug sind ein qualitatives Instrument der Qualitätsentwicklung im Bereich Gleichstellung. Praktisch fehlt es allerdings oft an der institutionalisierten Zusammenarbeit von Wissenschaft und Gleichstellung.

Ein weiteres Instrument sind Fortbildungen im weiten Sinne. Zum Beispiel hat die Hochschulleitung der ehemaligen BTU Cottbus[16] ihr eigenes Wissen in einem Diversity Workshop, der auch Gleichstellung umfasste, erweitert. Sehr stark qualitätsverbessernd sind auch Coachings für Neuberufene oder Führungskräfte, in denen Handlungsmöglichkeiten bzgl. Chancengleichheit aufgezeigt werden.

Zum Abschluss dieses Teils möchte ich noch einige Instrumente der BTU nennen, die eine unter Gleichstellungsgesichtspunkten strukturierte und für alle Beteiligten transparente Personalentwicklung befördern und die deshalb zum Qualitätsmanagement gehören:

1. strukturierte Nachwuchsförderung für Frauen in der Post-doc-Phase (Exzellenzprojekt „PROF.FEM – professura feminea")
2. Leitfaden für Berufungsverfahren (allgemein bzw. rein gleichstellungsbezogen)
3. der Dokumentationsbogen „Faire Berufungsverfahren" der ehemaligen Hochschule Lausitz
4. Weiterbildungsangebote speziell für Frauen (z. B. über Führung)

---

16 Die ehemalige BTU Cottbus fusionierte am 01.07.2013 mit der FH Lausitz zur „Brandenburgischen Technischen Universität Cottbus-Senftenberg".

3. Gleichstellungsperformance systematisch entwickeln

Qualitative und quantitative Herangehensweise und einzelne Instrumente sichern keine systematische Entwicklung der Gleichstellungsarbeit. In dieser Hinsicht bedeutet Qualitätsmanagement erstens, dass die Gleichstellungspolitik mit der strategischen Planung konsistent verknüpft wird (allerdings hat die Hochschulleitung viele einander teils widersprechende strategische Ziele abzuwägen).

Zweitens braucht man die institutionelle Verankerung von Gleichstellung (an der BTU unter anderem über das Leitbild, den Hochschulvertrag mit dem Wissenschaftsministerium, über Ordnungen und über weisungsfreie zentrale und dezentrale Gleichstellungsbeauftragte und einen Gleichstellungsrat aller Gleichstellungsbeauftragten).

Drittens müssen quantitative und qualitative Ansätze und Instrumente eine gemeinsame konzeptionelle Grundlage haben. Dies leistet das Gleichstellungskonzept der BTU, das alle Bereiche der Hochschule einbezieht und regelmäßig aktualisiert wird.

Abschließend möchte ich mit Blick auf ein ganzheitliches Qualitätsmanagement hervorheben: Die Hochschule braucht ein übergreifendes Gleichstellungskonzept, und gleichzeitig muss Gleichstellung in *spezifischer* Weise integriert werden in das Qualitätsmanagement der verschiedenartigen Leistungsbereiche der Hochschule (Forschung und Wissenschaft, Transfer, Studium und Lehre, Internationalisierung, interne Dienstleistungsbereiche). Das sind die besten Voraussetzungen für eine systematisch in ihrer Qualität entwickelte Gleichstellungsperformance der Hochschule.

Literatur

DFG (2008): „Forschungsorientierte Gleichstellungsstandards", online: http://www.dfg.de/download/pdf/foerderung/grundlagen_dfg_foerderung/ chancengleichheit/forschungsorientierte_gleichstellungsstandards.pdf / [4.12.2014]

Kirsch-Auwärter, E. (2008): „Aktuelle Hochschulreformansätze und Qualitätsmerkmale institutioneller Gleichstellungspolitik", in: Esch, M., Herrmann, J.

(Hg.): *Qualität durch Chancengleichheit. Gleichstellung als strategischer Faktor im Qualitätsmanagement technischer Universitäten*. Bielefeld, 105–113

Löther, A. (2009): „Die Qualität von Gleichstellungsmaßnahmen", in: Andresen, S., Koreuber, M., Lüdke, D. (Hg.), *Gender und Diversity: Albtraum oder Traumpaar?* Wiesbaden, 231–251

MWFK (2010): „Qualitätsstandards zur Chancengleichheit von Frauen und Männern an den brandenburgischen Hochschulen", online: http://www.mwfk.brandenburg.de/sixcms/detail.php/504111 [4.12.2014]

MWFK (2008): „Kinder und Karriere – ein Qualitätsversprechen", online: http://www.mwfk.brandenburg.de/sixcms/detail.php/506386 [4.12.2014]

Forum 3   Bedarfsanalysen und Weiterbildung

Hochschulen stellen mit den verschiedenen Beschäftigtengruppen und Aufgabenbereichen ein heterogenes und komplexes Feld dar, in dem die Ermittlung von Veränderungen und Weiterbildungsbedarf nicht nur über einfache, standardisierte Verfahren erfolgen kann. Viele Faktoren spielen eine Rolle (sei es die Erreichbarkeit der Befragten, eine wachsende Fluktuation von Beschäftigten, befristete Arbeitsverhältnisse etc.), und nicht alle relevanten Themen sind ohne Weiteres zugänglich (z. B. Tabus) oder schon so versprachlicht und benannt, dass sie schon direkt erfragbar sind (z. B. Veränderungen im Prozess). Ohne eine Bezugnahme auf spezifische Ausgangssituationen und Handlungsanforderungen drohen unterstützende Angebote und Maßnahmen im Sande zu verlaufen. Oder anders formuliert: Regelmäßige aussagekräftige Bedarfserhebungen sind eine wichtige Voraussetzung für nachhaltige Maßnahmen und deren stetige Verbesserung.

Zentrale Fragen sind: Wie können individuelle und organisationale Entwicklungspotenziale sowie Weiterbildungsbedarfe ermittelt werden? Wie können bedarfsgerechte Angebotsformen konzipiert und nutzerspezifisch bereitgestellt werden?

In Forum 3 wurden typische Themen, Probleme und Lösungen der Bedarfsermittlung in Hochschulen anhand von Beispielen des Familienbüros sowie des Personalentwicklungsprojekts SEWKHO illustriert und erörtert.

3.1 Erhebung und Evaluierung aussagekräftiger Daten zu Hochschulmitgliedern und -angehörigen mit Familienaufgaben

Von Heike Bartholomäus/BTU Cottbus-Senftenberg

Wiederholt treten im Zusammenhang mit dem Thema der Vereinbarkeit von Studium, Beruf und Wissenschaft mit Familienaufgaben konkrete Fragen auf, z. B. nach der Anzahl der Kinder an den Hochschulen. Die vorliegenden Statistiken geben häufig nicht in ausreichender Dichte Auskunft über die Anzahl und die Bedürfnisse der Studierenden oder Beschäftigten mit Familienaufgaben, und eine eigene Erhebung ist nach wie vor – auch mit dem berechtigten Hinweis auf den Datenschutz – unter Umständen eine Herausforderung. Neben der eingeschränkten Verfügbarkeit der statistischen Daten – z. T. aufgrund des Datenschutzes – sind wenig repräsentative Informationen vorhanden, besonders über

- den Anteil studierender Mütter und Väter,
- den Anteil der Hochschulangehörigen mit Pflegeaufgaben und
- die Elternschaft der Bediensteten, z. B. wenn Mutterschutz bzw. Elternzeit vom nicht hochschulangehörigen Elternteil wahrgenommen wird.

Das bedeutet, dass es nur sehr begrenzt belastbare Angaben zum genauen Anteil der Hochschulangehörigen mit Familienaufgaben geben kann. Jedoch können die entsprechenden Koordinierungsstellen auf Grundlage der zur Verfügung stehenden Informationen und Daten bereits einige Rückschlüsse auf die familiengerechte Situation ziehen und ergänzen diese Informationsgrundlage mit quantitativen und qualitativen Datenerhebungsmethoden.

Im Rahmen der Arbeit im Best Practice Club des Programms „Familie in der Hochschule"[17] wurden vom Familienbüro der damaligen BTU Cottbus[18] qualitati-

---

17 „Familie in der Hochschule" war von 2007 bis zum Jahr 2012 ein Programm des Beauftragten der Bundesregierung für die neuen Bundesländer und der Robert Bosch Stiftung in Zusammenarbeit mit dem Centrum für Hochschulentwicklung CHE.

ve und quantitative Datenerhebungsmethoden auf ihre Eignung hin, die Maßnahmen zur Familiengerechtigkeit an Hochschulen zu überprüfen und zu lenken,
konzeptioniert und getestet.

Mögliche Ziele einer Datenerhebung

Das Ziel der Datenerhebungen besteht zunächst darin, nähere Informationen
und Erkenntnisse über die Situation der Hochschulangehörigen mit Familienaufgaben zu gewinnen. Das vorhandene familiengerechte Angebot an Hochschulen
kann mit diesen Kenntnissen über die zielgruppenspezifischen Bedarfe wesentlich besser evaluiert und angepasst werden. Regelmäßig erfasste Bedarfe, Ideen
und Meinungen der Zielgruppen führen also dazu, dass die Angebote für Personen mit Familienaufgaben beständig optimiert werden können. Zudem interessiert die Zufriedenheit mit den bereits bestehenden Angeboten zur Familiengerechtigkeit und deren Wahrnehmung. Die Beobachtung von Trends (z. B.
Studienabbrüche oder Hochschulwechsel aus familiären Gründen) und damit die
Möglichkeit der Reaktion darauf ist erst mit der regelmäßigen Wiederholung der
Umfragen erreichbar.

Mögliche Ziele einer Datenerhebung können sein:

- Beurteilung der momentanen Bedingungen zur Vereinbarkeit von Familie
  und Beruf bzw. Studium aus Sicht der Nutzer_innen
- Erkennung konkreter Veränderungspotenziale
- Vergleich der Ergebnisse mit anderen Hochschulen
- Vergleich von Kennzahlen bei wiederholten Befragungen
- Angebot zur Beteiligung an den Veränderungsprozessen
- Steigerung/Förderung einer positiven Kommunikationskultur

Seit dem Jahr 2010 war die BTU Cottbus Mitglied im Best Practice Club des Programms.

18 Die ehemalige BTU Cottbus fusionierte am 01.07.2013 mit der FH Lausitz zur "Brandenburgischen Technischen Universität Cottbus-Senftenberg".

- Aufbau neuer Angebote bzw. Anpassung bestehender Angebote zur Vereinbarkeit von Studium/Beruf/Karriere mit Familienaufgaben und zur Gesundheitsförderung
- Ermittlung und Verbesserung des Bekanntheitsgrades der Angebote und Bekanntmachung der Angebote

Die Befragten erhalten Gelegenheit, sich am Entwicklungsprozess des Familienbewusstseins und des Bewusstseins für Familienförderung aktiv zu beteiligen und mitzugestalten.

Qualitative Datenerfassung

Mit qualitativen Methoden werden Zusammenhänge beschrieben und interpretiert, Klassifikationen/Typologien aufgestellt und Hypothesen entwickelt. Die Herangehensweise liefert umfassende Informationen und ist dort geeignet, wo eine ausführliche Beschreibung persönlicher Meinungen und Eindrücke erforderlich ist. Besonders zur Ermittlung von Bedarfen, Verbesserungsvorschlägen oder zur Erhebung von Ursachen für Unzufriedenheit sind qualitative Methoden gut geeignet. Merkmale qualitativer Datenerfassung sind:

- hoher Informationsgehalt durch offene Befragung
- größere Subjektivität der Ergebnisse
- Möglichkeit zur Beschreibung und Interpretation von Zusammenhängen
- Entwicklung von Hypothesen, die durch quantitative Erhebungen überprüft werden können

Das Familienbüro und der Studierendenrat der ehemaligen BTU Cottbus riefen im Jahr 2010 ein Projekt zur Unterstützung von Lernpatenschaften ins Leben, bei dem studierende Eltern oder Studierende, die die Pflege für ein Familienmitglied übernommen haben, von einem/einer Studierenden als Mentor_in begleitet werden. Ziel dieser Partnerschaften ist es, den Studierenden, die sich neben dem Studium um eine_n Familienangehörige_n kümmern müssen, das Lernen zu erleichtern. Hilfsmittel bzw. Anreiz für die Teilnahme für diese Tandems ist ein Smartpen. Mit den teilnehmenden Studierenden wurden Interviews nach einem vorbereiteten Interviewleitfaden geführt. Ein besonderes Ergebnis dieser qualitativen Datenermittlung waren Hypothesen, die eine wichtige Grundlage für die Konzeption der folgenden quantitativen Datenermittlung darstellten.

Quantitative Datenerfassung

Quantitative Datenerfassungsmethoden besitzen eine standardisierte Befragungs- und Beobachtungsform und eignen sich sehr gut zur objektiven Messung von Sachverhalten, zur Prüfung von Hypothesen und statistischer Zusammenhänge. Darüber hinaus können bei Wiederholung objektive Daten über größere Zeiträume verglichen und Entwicklungen abgelesen werden. Quantitative Daten können auf unterschiedliche Weisen erhoben werden. Eine der am weitesten verbreiteten Methoden ist die Fragebogenerhebung. Merkmale quantitativer Datenerfassungen sind:

- Objektivität und Vergleichbarkeit der Ergebnisse
- systematische und umfassende Erhebung von Meinungen, Einstellungen, Erwartungen und Bedarfen
- exakt quantifizierbare Ergebnisse (differenzierbar z. B. nach Status, Alter, verschiedenen Bereichen)
- Möglichkeit zur Ermittlung von statistischen Zusammenhängen
- Wiedergabe der durchschnittlichen Meinung
- Ermittlung von Ursachen/Einstellungen durch Integration offener Fragen

Auf der Grundlage der ersten qualitativen Datenerfassungen wurden Hypothesen abgeleitet, auf deren Grundlage die Schwerpunkte des Fragebogens entwickelt wurden. Sehr intensiv wurde mit dem Datenschutzbeauftragten der BTU zusammengearbeitet. Seine Hinweise konnten eingearbeitet werden. Die inhaltlichen Punkte wurden mit dem Netzwerk „Familie und Hochschule im Land Brandenburg" abgestimmt, um eine hochschulübergreifende Vergleichbarkeit zu ermöglichen. Im Januar 2012 startete dann die erste Umfrage zur Familienorientierung der damaligen BTU Cottbus. Wiederholt wurde diese Befragung im Sommer 2013.

Die Themenfelder waren:

- soziodemografische Angaben
- Kinderbetreuung
- Pflegeverantwortung
- Aussagen zur familiengerechten Universität (Bedeutung der familienorientierten Hochschulpolitik, Familienbewusstsein der BTU, Unterstützungswünsche)
- Nutzung/Bekanntheit der vorhandenen Angebote

Zu diesen Themenfeldern wurden ca. 60 Fragen gestellt. Die Fragen waren teils geschlossen, teils offen mit der Möglichkeit zum Kommentar. Es nahmen im Jahr 2012 ca. 140 bzw. im Folgejahr rund 160 Studierende und Mitarbeitende der BTU teil. Obwohl nicht repräsentativ, konnten doch wertvolle Aussagen entnommen werden. Die Ergebnisse deckten sich zu einem großen Teil mit den Annahmen und den Arbeitsschwerpunkten des Familienbüros und konnten diese nun argumentativ untermauern.

Datenschutz

Für die Arbeit in Familienbüros bzw. den entsprechenden Koordinationsstellen zur Umsetzung der Familienorientierung an den jeweiligen Hochschulen werden häufig personenbezogene Daten im Sinne des Bundesdatenschutzgesetzes erhoben und verarbeitet. Doch nur bei ausreichendem Datenschutz sind der Schutz des Persönlichkeitsrechtes und das Recht auf informelle Selbstbestimmung gewährleistet. Beide Rechte beruhen auf den Artikeln 1 und 2 des deutschen Grundgesetzes. Neben dem Bundesdatenschutzgesetz sind die EG-Datenschutzrichtlinie und die Datenschutzgesetze der Bundesländer zu berücksichtigen. Darüber hinaus bestehen unter Umständen Sondervorschriften mit datenschutzrechtlich relevanten Inhalten, wie z. B. betriebliche Vereinbarungen.

Eine enge Zusammenarbeit mit dem oder der Datenschutzbeauftragten der Hochschule ist damit von Beginn an dringend erforderlich.

Ergebnisse

Mit den Methoden der qualitativen und quantitativen Datenerhebung wird bereits an den Hochschulen in unterschiedlicher Art und Weise umgegangen. An der BTU Cottbus-Senftenberg werden quantitative Methoden, z. B. Online-Befragungen, genutzt und durch qualitative Datenerhebung, z. B. bei Veranstaltungen und bei geeigneten familiengerechten Angeboten, ergänzt. Mit dem Ziel, ein passgenaues Angebot zur verbesserten Vereinbarkeit von Studium, Beruf und Wissenschaft mit Familienaufgaben vorzuhalten und dieses ständig zu optimieren, trägt eine regelmäßige Erhebung und Evaluierung aussagekräftiger Daten zu Hochschulmitgliedern und -angehörigen mit Familienaufgaben wirksam bei zur Legitimation, Ausgestaltung und Umsetzung des Zertifikats zum „audit familiengerechte hochschule", des Prädikats „Total E-Quality" und zu anderen Zielvereinbarungen oder vertraglichen Regelungen. Die jährlichen Umfragen unterstützen den Bekanntheitsgrad der familienbewussten Angebote und laden zu einer regen Kommunikation mit der Projektkoordination ein.

Damit können alle Studierenden und Beschäftigten, eventuell auch anonym, an einem Kulturwandel hin zu mehr Familienbewusstsein mitwirken.

Literatur

Brandenburgische Technische Universität Cottbus (o. J.): „Übersicht der Formen möglicher Datenerhebungen mit der Darstellung der aktuellen Praxis", in: *Best Practice-Club „Familie in der Hochschule". Werkzeuge und Handlungsleitfäden*, online: http://www.familie-in-der-hochschule.de/cms/?getObject =1089 [10.12.2014]

Bundesdatenschutzgesetz (BDSG) in der aktualisierten, nicht amtlichen Fassung vom 20. Dezember 1990 (BGBl.I S.2954), neu gefasst durch Bekanntmachung vom 14. Januar 2003 (BGBl.I S.66), zuletzt geändert durch Gesetz vom 29.07.2009 (BGBl.I, S.2254), durch Artikel 5 des Gesetzes vom 29.07.2009 (BGBl.I, S.2355 [2384] und durch Gesetz vom 14.08.2009 (BGBl.I, S.2814)

GESIS – Leibniz-Institut für Sozialwissenschaften (2013): „Effektiv! Für mehr Familienfreundlichkeit an deutschen Hochschulen", Datenbank Praxisbei-

spiele, online: http://www.familienfreundliche-hochschule.org/database/
massnahmen/measure-advanced-search [10.12.2014]

Kunadt, S., Schelling, A., Brodesser, D., Samjeske, K. (2014): „Familienfreundlichkeit in der Praxis: Ergebnisse aus dem Projekt ‚Effektiv! - Für mehr Familienfreundlichkeit an deutschen Hochschulen'", in: *cews.publik* 18, Köln, online
verfügbar: http://nbn-resolving.de/urn:nbn:de:0168-ssoar-389725 (PID)

Scheibler, Petra (2014): „Qualitative versus quantitative Forschung", in: *Studi-
Coach e.V.*, online: https://studi-lektor.de/tipps/qualitative-
forschung/qualitative-quantitative-forschung.html [10.12.2014]

3.2 Bedarfsermittlung im Personalentwicklungsprojekt SEWKHO

Von Kristine Baldauf-Bergmann/SEWKHO

Im Projekt „Strukturentwicklung von Weiterbildungskulturen an Hochschulen"
(SEWKHO) haben sich vier brandenburgische Hochschulen (FH Brandenburg, FH
Potsdam, TH Wildau, BTU Cottbus-Senftenberg) zusammengeschlossen, um
Personalentwicklungsstrukturen langfristig zu verankern und die Weiterbil-
dungsbeteiligung zu erhöhen. Die Hochschulen wollen zukünftig systematisch
Maßnahmen für eine strukturierte Personalentwicklung anbieten, die sowohl an
den Zielen des Managements als auch an den Interessen und Motivationen der
Mitarbeiter_innen ansetzen. Das ESF-geförderte Projekt begann im November
2012 begonnen und läuft bis Dezember 2014.

Ausgangspunkt des Projekts ist das Wissen darum, dass die Hochschulen in
der Bundesrepublik Veränderungsprozessen mit tiefgreifenden Auswirkungen
auf Beschäftigte und Strukturen gegenüberstehen wie

- steigender Anteil unerwünschter Befristung und Teilzeitarbeit
- hohe Fluktuation und steigende Anzahl von befristeten Drittmittelstellen
- Schnittstellenprobleme, Arbeitsverdichtung und steigende Krankenstände

- Frustrationen und konfliktbeladene Kommunikationen
- Wissensabwanderung in Zeiten verstärkten demografischen Wandels

Dies trifft häufig auf schlecht ausgebildete Personalentwicklungsstrukturen und fehlende Weiterbildungskulturen für konkrete Bedarfe vor Ort.

Konkrete Herausforderungen einer nachhaltigen Personalentwicklung sind:

- die Etablierung regelmäßiger Bedarfs- und Potenzialanalysen
- der Ausbau von hochschulspezifischen Personalentwicklungsinstrumenten und deren erhöhte Nutzung
- die Herstellung größerer Passgenauigkeit bei Weiterbildungsangeboten
- die Erleichterung des Zugangs der Mitarbeiter_innen zur Weiterbildung
- eine kollegiale Beratung durch langfristig eingesetzte „Bildungscoaches"
- die Weiterentwicklung einer hochschulgemäßen Führungskultur

Im Projekt SEWKHO wurden sowohl qualitative als auch quantitative Bedarfserhebungen vorgenommen.

Qualitative Zugänge boten sich in den „Kick-off-Veranstaltungen", bei denen alle Beschäftigtengruppen eingeladen waren, sich zum Thema Personalentwicklung und Weiterbildung einzubringen. Weiterhin wurden persönliche Gespräche an den Hochschulen geführt, insbesondere mit Akteuren, die bereits mit der Veränderung bzw. Verbesserung der Beschäftigungsbedingungen befasst sind (z. B. Personalräte, Gleichstellungs-, Schwerbehindertenbeauftragte, Qualitätsbeauftragte).

Ergebnisse aus diesen qualitativen Zugängen sind: Personalentwicklung und Weiterbildung werden von den Beschäftigten als wichtig angesehen, aber es fehlt häufig an Zeit und Möglichkeiten, Weiterbildung wahrzunehmen. Als Bedarf für Personalentwicklungsmaßnahmen und Weiterbildung wurden mehrfach Themen genannt wie die Verbesserung der Kommunikation zwischen verschiedenen Arbeitsbereichen, die Bearbeitung von Schnittstellenproblemen, ein aktiver Umgang mit Personalwechsel (im demografischen Wandel), die Erhöhung von Arbeitszufriedenheit sowie ein themenorientierter Austausch mit Kollegen und Kolleginnen aus anderen Hochschulen.

Es wurde bemängelt, dass es noch zu wenige Weiterbildungsangebote und -formate gibt, die an dem spezifischen Bedarf der Hochschule ansetzen. Zugleich gibt es schon viele Weiterbildungsaktivitäten, die intern und von der Hochschulleitung noch nicht als solche wahrgenommen werden (kollegiales Lernen, eigene Weiterbildungen am PC, Lernen in hochschulübergreifenden Netzwerken).

Bisher wird Weiterbildung i. d. R. mit fachlichen/technischen Inhalten gleichgesetzt. Der Bedarf an methodischen, personalen und sozialen Kompetenzen wird noch wenig wahrgenommen und genannt.

Die quantitative Erhebung fand im Oktober 2013 per Online-Fragebogen statt. Darin ging es um die Ermittlung des Weiterbildungsverhaltens und -bedarfs der Beschäftigten in den vier Hochschulen. Der Rücklauf war mit rund 30 % überdurchschnittlich gut. Insgesamt waren über alle vier Hochschulen 555 komplette Antwortsätze eingegangen. Bei einer ersten Sichtung der Daten über alle Hochschulen[19] ergaben sich zu einigen exemplarisch ausgewählten Fragen folgende Trends:

Zu der Frage „Haben Sie im letzten Jahr an einer Weiterbildungsveranstaltung teilgenommen?" haben von 270 Personen geantwortet, dass sie an mindestens einer oder an mehreren Weiterbildungen teilgenommen haben. Allerdings haben auch 255 der Befragten mit Nein geantwortet. Als inhaltlicher Schwerpunkt wurde am häufigsten die Aktualisierung von Fachwissen (158) angegeben. Erworben wird zumeist eine Zusatzqualifikation (122), eher selten eine Aufstiegsqualifikation (7). Neben klassischen Weiterbildungsformaten wurde auch oft Weiterbildung am Arbeitsplatz genutzt (221), im Austausch mit Kollegen und Kolleginnen gelernt (274), jedoch noch eher selten in Netzwerken (166).

Zu der Frage, ob Weiterbildung durch die Hochschule unterstützt wird, wurde am häufigsten angegeben, dass Einarbeitung am Arbeitsplatz bisher noch kaum oder gar nicht unterstützt wird (290) und dass Mentoring und Coaching gar nicht genutzt wurden (259). Dies gilt auch für Maßnahmen des Gesundheitsmanagements (225).

---

19 Die hochschulspezifischen Auswertungen werden im Projektverlauf erstellt und den jeweiligen Hochschulen zur Verfügung gestellt.

304 der Befragten gaben an, dass sie mit der Weiterbildungssituation unzufrieden sind. 479 Personen sind an Informationen zu Weiterbildung interessiert.

Hinsichtlich des Weiterbildungsbedarfes lässt sich ermitteln, dass wie bisher vor allem fachliche Kompetenzen nachgefragt werden (476); allerdings auch methodische Kompetenzen (374) sowie soziale (258) und personale Kompetenzen (230).

Zusammenfassend lässt sich feststellen, dass qualitative Zugänge vorwiegend inhaltliche Differenzierungen zu Fragen der Personalentwicklung und Weiterbildung an Hochschulen ermöglichen, während sich über quantitative Zugänge ermitteln lässt, in welcher Häufigkeit bestimmte Aussagen getroffen werden. Beide Zugänge sind notwendig und ergänzen sich, wenn es darum geht, den Bedarf der Hochschulmitarbeiter_innen zu bestimmten Fragen zu erfassen und Maßnahmen zu entwickeln.

3.3 Diskussion

In der Diskussion zum Thema Bedarfsanalyse, die sich auf der Tagung nun anschloss, stand das Verhältnis von qualitativen und quantitativen Daten im Vordergrund. Befragungen zu marginalisierten Themen (wie z. B. zur Pflege von Angehörigen) haben oftmals den Effekt, dass sie nur die Betroffenen erreichen bzw. diejenigen, die bereits dafür sensibilisiert sind. Das hat zur Folge, dass der Gesamtrücklauf womöglich gering ist und die Befragenden somit vor einem Legitimitätsproblem stehen. Ein typisches Argument ist z. B. „Wenn nur fünf Prozent der Mitarbeitenden in Elternzeit gegangen sind, rentiert sich der finanzielle/zeitliche etc. Aufwand doch gar nicht". Eine verlässliche Möglichkeit, die Aussagekraft von einer geringen Menge an quantifizierbaren Daten zu stärken, ist es, qualitative Daten zu erheben. So reicht es z. B. im Bereich der Familienfreundlichkeit nicht aus, nur standardisierte Umfragen zu schalten. Ergänzend muss es persönliche Gespräche mit den Betroffenen geben, um festzustellen, was diese in ihrer momentanen Lebenssituation benötigen, um Arbeit und Studium mit Familienaufgaben zu vereinbaren. Der qualitative Zugang, etwa wie hier über Einzelgespräche, ermöglicht außerdem einen Umgang mit Tabuthemen, weil die Gesprächssituation dynamischer ist als ein standardisierter Fragebogen. Sie lässt es zu, sich auf jede_n Gesprächspartner_in neu einzustellen. Gleichwohl muss ein Fragebogen auch dynamisch behandelt werden, insoweit er regelmäßig überarbeitet werden muss und sich Fragestellungen und Begriffe ändern. Ein Beispiel für eine solche Begriffsänderung ist die graduelle Verschiebung der Bedeutung von Familie. So wurde z. B. in der BTU Cottbus-Senftenberg zunächst nur nach Kinderbetreuung gefragt, mittlerweile umfasst „Familie" hier aber die Sorge/das Kümmern um Menschen, die einem nahestehen.

Forum 4 Führungskulturen und Lean Management

Mit zunehmender Autonomie bei gleichzeitig steigendem Wettbewerb erhalten die Aufgaben eines organisationalen Steuerungsmanagements in den Hochschulen eine große Relevanz. Dies macht sich bemerkbar in der Hochschulverwaltung (z. B. hinsichtlich der Definition der Arbeitsziele, der Organisation der Arbeitsabläufe, des Controllings, Wissensmanagements, der Kommunikation), aber auch im akademischen Bereich (z. B. hinsichtlich der Drittmittel-Akquise, der Mitarbeitendenführung, der Öffentlichkeitsarbeit, Exzellenz in Studium und Lehre) sowie in der Zusammenarbeit der verschiedenen Arbeitsbereiche (Hochschulleitung, Verwaltung, akademische Bereiche, technische und Service-Bereiche).

Wenn Hochschulen sich in Leitbild, Selbstverständnis und in den Organisationsstrukturen verändern – was bedeutet das für die Führungskultur und das Führungshandeln? Welche Herausforderungen stellen sich in den verschiedenen Bereichen, etwa Forschung, Lehre oder Verwaltung?

Zunächst einmal bedeutet es, dass es für alle Hochschulbeschäftigten wichtig wird, über den „Tellerrand" hinauszuschauen und den eigenen Arbeitsplatz auch im Rahmen der Organisation Hochschule und ihrer Spezifika zu verstehen. Gerade querliegende Aufgaben wie etwa die Internationalisierung erfordern eine intensive Kommunikation über die Ziele und über die Koordination der dafür nötigen verschiedenen Prozesse in der Umsetzung. Veränderungen von

Abläufen und Zuständigkeiten sind aber auch schnell Auslöser struktureller Konflikte, die im Sinne eines effizienten Change Managements frühzeitig erkannt und gelöst werden müssen (vgl. Kleimann 2009). In diesem Zusammenhang werden Führungskräfte benötigt, die ihre Mitarbeiter_innen auf Ziele hin orientieren und motivieren können und deren soziale Kompetenzen im Umgang mit Schnittstellen fördern. Eine funktionierende interne Partizipations-, Kommunikations- und Konfliktkultur sollte zwar von der Hochschulleitung ausgehen, muss aber letztendlich von vielen Leitungskräften getragen und transportiert werden (vgl. Pellert/Widmann 2008).

Dabei sehen die Führungsaufgaben an Hochschulen je nach Arbeitsbereich sehr unterschiedlich aus: Führung aus der klassischen hierarchischen Vorgesetztenfunktion heraus, Führung auf Zeit im Wahlamt (z. B. Dekane-Amt), Führung in Expertengruppen (z. B. Sprecherfunktion im Sonderforschungsbereich), Führung in Gremien, Führung aus einer Schnittstellenfunktion (z. B. Projektleitung). Deshalb kann es an Hochschulen auch keinen einheitlichen und auf alle Situationen passenden Führungsstil geben (vgl. Karrenberg 2012).

Eine systematische Vorbereitung auf Leitungsfunktionen im Wissenschafts-, Hochschul- und Forschungsbereich ist bisher jedoch noch kaum gegeben. Und kontinuierliche Angebote zur Qualifizierung von Führungskräften, die in einem hochschulspezifischen Weiterbildungskontext stehen, sind eher noch die Ausnahme (vgl. Pellert/Widmann 2008:152).

In Forum 4 wurden Themen der Führung und Personalentwicklung aus Sicht der Verwaltung und aus Sicht der wissenschaftlichen Mitarbeiter_innen diskutiert.

Literatur

Briedis, K., Jaksztat, S., Schneider, J., Schwarzer, A., Winde, M. (2013): *Personalentwicklung für den wissenschaftlichen Nachwuchs. Bedarf, Angebote und Perspektiven – eine empirische Bestandsaufnahme*. Kurzfassung, Essen

Karrenberg, E. (2012): „Mit JGU-Leadership in Führung gehen. Die Entwicklung
    einer universitätsspezifischen Führungskultur an der Universität Mainz", in:
    Wissenschaftsmanagement – Zeitschrift für Innovation 4/2012, S. 28–33

Kleimann, B. (2009): Vortrag auf der Tagung „Führungskultur in der Hochschul-
    verwaltung". Forum „Prüfungsverwaltung 2009 – Kommunikation und Kon-
    flikte in der Prüfungsverwaltung", 3.–4. Juni 2009 in Hannover, online:
    http://www.his-he.de/veranstaltung/dokumentation/Forum_ Pruefungs-
    verwaltung_062009/pdf/03_HISForumPV_09_Kleimann.pdf [19.11.2014]

Pellert A., Widmann, A. (2008): „Die Professionalisierung des Hochschulmana-
    gements und Führungskräfteentwicklung", in: Hanft, A. (Hg.), *Personalma-
    nagement in Hochschule und Wissenschaft*. Studienreihe Bildungs- und Wis-
    senschaftsmanagement, Band 9, Münster, S. 150–153

4.1 Führungskultur an Hochschulen

Von Jörg Cirulies/SEWKHO und ABF e. V.

Im Projekt SEWKHO – als Verbundprojekt der Hochschulen in Cottbus, Brandenburg, Wildau und Potsdam – geht es um die Etablierung von strategischer Qualifizierung von Hochschulpersonal. Explizit ist in diesem Beitrag die Qualität der
Lehre ausgeschlossen, denn im Fokus steht die Qualifizierung der Mitarbei-
ter_innen im Sinne einer Personalentwicklungsstrategie. Aber was bedeutet
Personalentwicklung an Hochschulen inhaltlich? Ich möchte mich auf folgende
Definition beziehen:

> Personalentwicklung ist [...] die Aufgabe und Disziplin zur Förderung der
> Unternehmensentwicklung durch zielgerichtete Gestaltung von Lern-,
> Entwicklungs- und Veränderungsprozessen. (Peterke 2006:11)

In vielen Seminaren, Workshops und Fachtagungen wurde dieses Thema diskutiert, und zwar mit Vertretern und Vertreterinnen aus allen Bereichen der Hochschule. Als ein immer wiederkehrender zentraler Dreh- und Angelpunkt bildete

sich die „Führung in Hochschulen" heraus. Im Sinne der oben genannten Definition muss es in Organisationen Personen geben, die diese Lern- und Entwicklungsprozesse gestalten. Und eben das ist eine zentrale Führungsaufgabe.

Die wissenschaftliche Literaturlage zu „Führung in Hochschulen" ist eher dünn. Eine Ausnahme bildet eine Studie von Püttman (2013) unter dem Titel *Führung in Hochschulen aus der Perspektive von Hochschulleitungen*, mit der er einen explorativen Zugang zu dem Thema unternimmt. Seine Ergebnisse decken sich in großen Teilen mit unseren Erfahrungen. Aus unserer Perspektive knapp zusammengefasst stellt sich Führung an Hochschulen folgendermaßen dar:

Die strategischen Richtungen werden partizipativ getroffen. Die meisten strategischen Entscheidungen werden eher nicht in Form früheren restriktiven „Durchregierens" durchgesetzt. Auch die Notwendigkeit, Ressourcen zur Bewältigung der Aufgaben der Zukunft bereitzustellen, wird teilweise erkannt – auch wenn Mittel knapp sind. Hier engagiert sich das Hochschulmanagement. Problematisch ist im Hochschulkontext eher selten „das Ziel" oder „die Notwendigkeit", sondern die Frage: „Wer gestaltet Personalentwicklung mit welchen Instrumenten?" Dazu stellt sich die Frage, wer das kann.

Geht man davon aus, dass es hier um Führungsaufgaben geht, so ist die Ausgestaltung im Hochschulkontext noch im Entwicklungsstadium. Wenn man sich umschaut, wer z. B. in der Wirtschaft oder mittlerweile auch in der öffentlichen Verwaltung Führungsaufgaben übernimmt, so sind doch Unterschiede festzustellen. In der Wirtschaft wird Führungspersonal als solches eingestellt. Es gibt entsprechende Auswahlverfahren (u. a. Assessment Center oder Big-Five-Testverfahren) und sowohl zu Beginn der Tätigkeit als auch währenddessen regelmäßig Schulungen. Ebenso hat sich die Auswahl von Führungskräften in der öffentlichen Verwaltung in den letzten Jahren geändert. Wurde Führungspersonal bis vor Kurzem per Schulabschluss oder nach Beschäftigungszeit eingestellt, sind mittlerweile auch hier Auswahlverfahren und Qualifizierung ein Standard. In Hochschulen sind Führungskompetenzen keine Voraussetzung für entsprechende Stellenbesetzungen und werden flächendeckend nicht geprüft.

Bisher weitgehend undiskutiert im Hochschulkontext sind Fragen wie: Was bedeutet Führung in der Hochschule? Mit welchem Ziel soll geführt werden? Soll es diesbezüglich Karrierewege innerhalb der Hochschule geben? Soll es intern abgestimmte Ziele in Hinsicht auf die Entwicklung von Mitarbeiter_innen geben (z. B. in Bezug auf die Kompetenzen als interne Dienstleister zu agieren oder einen wertschätzenden Umgang als Kultur zu etablieren)?

Aus den Diskussionen ging hervor, dass die Führungskultur in großen Teilen noch wie vor zwanzig Jahren existiert. Hochschule funktioniert einerseits wie ein Verwaltungsapparat: hierarchisch und stark aufgabenorientiert. Führung wird durch Regeln substituiert. Andererseits gibt es abgekoppelte wissenschaftliche Einheiten, die sich explizit von vereinheitlichten Regelungen ausgrenzen – häufig mit dem (an dieser Stelle denkwürdigen) Argument der „Freiheit von Forschung und Lehre". Hier wird oft eigenen Regeln gefolgt – allerdings ähnlich hierarchisch an eine Person (z. B. Professor_in) oder Personengruppe (z. B. Institutsleitung) gekoppelt. Das erschwert natürlich jeden Versuch der Hochschulleitung, konsensfähige Personalentwicklungsstrategien zu etablieren.

Der Austausch in den Seminaren zeigte aber auch, dass sich die Aufgaben ändern, dadurch Anpassungsdruck entsteht und sich teilweise dringend eine neue Führungskultur etablieren müsste. Projekt- bzw. drittmittelorientiertes Arbeiten ist Standard, der Kampf um knappe Ressourcen hat zugenommen, die Öffentlichkeitsarbeit wird immer wichtiger. Dementsprechend muss sich auch das Verständnis der Mitarbeiter_innen als auch die Aufgaben der Führung anpassen. Häufige Fragen sind: Sollte Hochschule als Unternehmen zu sehen sein? Sollte Führung wie im Unternehmen gestaltet werden? Welchen Stellenwert haben Instrumente wie Zielvereinbarungen, Mitarbeitergespräch, Karriereplan, Laufbahngestaltung, Mitarbeiterbeteiligung, Bonussysteme, Erfolgsbeteiligung? Welche (immateriellen) Werte sind zu verteilen? Soll es eine Qualifizierungsmatrix geben?

Der Umgang mit diesen Fragen zeigte sich sehr uneinheitlich. Man kann sagen, dass etwa 50 Prozent der Analogie „Hochschule – Unternehmen" zustimmten. Aber fast einheitlich wurde festgestellt, dass es kaum möglich ist, eine Hochschule wie ein Unternehmen zu führen. Es gibt im wissenschaftlichen Bereich einen großen Anteil von Autonomie, der dem „Unternehmenserfolg" dienlich sein kann. Auf der anderen Seite gibt es wenige Sanktionsmöglichkeiten. Die verschiedenen Organisationseinheiten sind relativ losgelöst voneinander – ein gemeinsames Ziel ist eher nicht verinnerlicht und das Konfliktpotenzial ist offensichtlich. Hier setzen die zu diskutierenden Fragen an: Wie kann Führung in Hochschulen gestaltet werden? Wenn es kaum klare Ziele oder Sanktionsmöglichkeiten gibt, welche Führungsstile sind passend und wichtig? Welchen Stellenwert bekommt Kommunikation und die Einbindung aller Organisationseinheiten in Entscheidungsprozesse? Die Fragen, die sich u. a. in den Seminaren stellten, sind:

- Trifft diese Definition auf ein mögliches Führungsverständnis in Hochschulen zu?: „Führen heißt, andere Menschen zielgerichtet in einer formalen Organisation und unter konkreten Umweltbedingungen dazu zu bewegen, Aufgaben zu übernehmen und auszuführen, wobei menschliche Ansprüche wie gegenseitige Fairness und Offenheit gewahrt werden."[20]
- Wie groß ist die Chance, dass sich (verbeamtete) Professoren/Professorinnen, leitende Angestellte u. a. Führungskräfte mit diesen Aufgaben identifizieren?
- Welche Instrumente bekommen sie an die Hand? Wird es bei Nichterfüllung der Aufgaben Sanktionsmöglichkeiten geben bzw. Anreizmodelle bei besonders guter Aufgabenerfüllung?

Abschließend soll das sinngemäße Zitat eines Handwerkers in einem Workshop den Diskussionsstand aus seiner Sicht zeigen:

Wenn ich eine neue Maschine bekomme, muss ich – auch nach geltenden Sicherheitsvorschriften – eine Schulung machen. Wenn jemand – Wissenschaftler oder Verwaltungsangestellte – Führungsverantwortung bekommen, glaubt man, Menschen führen kann man per Position – eine Schulung im Umgang mit Menschen ist nicht erforderlich.

---

20 Oswald Neuberger, zit. n. Daigeler et al. 2009:9.

Literatur

Daigeler, Th., Hölz, F., Raslan, N. (2009): *Führungstechniken. Alles rund um Führungstechniken und den Einsatz der Führungsinstrumente.* Freiburg i. B.

Peterke, J. (2006): *Handbuch Personalentwicklung.* Berlin

Püttman, V. (2013): *Führung in Hochschulen aus der Perspektive von Hochschulleitungen. Arbeitspapier 173. CHE* gemeinnütziges Centrum für Hochschulentwicklung. Gütersloh, online: https://www.che-consult.de/ downloads/ CHE_AP173_Fuehrung_in _Hochschulen.pdf [19.11.2014]

4.2 Führungskultur an Hochschulen – aus Sicht einer Fachhochschule

Von Yvonne Plaul/FH Potsdam

Einer Hochschule – und so auch der Fachhochschule Potsdam – ist Heterogenität immanent. Vor allem Fragen der Führung und Entwicklung von Mitarbeitenden stellen sich im Wissenschaftskontext anders als im Verwaltungskontext und muss demnach auch anders beantwortet werden.

Der Wissenschaftsbereich, also der Bereich der Hochschullehrer_innen und akademischen Mitarbeiter_innen soll hier nur kurz angerissen werden. Für ihn ist kennzeichnend, dass sich Führungskräfte (seien es Professoren/Professorinnen oder akademische Mitarbeiter_innen, Dekane/Dekaninnen oder Projektleiter_innen) häufig nicht als solche sehen und der Wissenschaftsbetrieb per se keine strengen Hierarchien aufweist. Daher „rutschen" die Beteiligten häufig in eine Führungsrolle, ohne sich dies und das daraus Folgende bewusst gemacht zu haben. Schließlich steht die Entwicklung von Lehre und Forschung im Vordergrund, also die Entwicklung einer fachlichen Kompetenz – nicht die Entwicklung von Personen und deren Soft Skills. So haben es die meisten Führungskräfte im Wissenschaftsbereich im Laufe ihrer wissenschaftlichen Karriere auch selbst erlebt – Personalentwicklung passiert nebenbei und zufällig (oder auch nicht) und hängt stark vom Engagement des/der Einzelnen ab. Gezielt findet sie – zumindest an der FH Potsdam – im Wissenschaftsbereich nicht statt. Auch mit der Rolle als Wissenschafts„manager" wird bis in die Hochschulleitung hinein gefremdelt und stattdessen die fachliche Entwicklung betont.

Als Personalabteilung versuchen wir, unsere Dekane/Dekaninnen und Projektleiter_innen als Führungskräfte zu unterstützen und ihnen ein Angebot zu machen, das sie je nach Bedarf und Wunsch in Anspruch nehmen können. Wir versuchen, für diese Rolle zu sensibilisieren, und bieten bspw. ein *Handbuch für Dekanninnen und Dekane*[21] sowie Unterstützung bei Mitarbeitendengesprächen an.

Fazit

Für den Wissenschaftsbereich braucht es eigene Konzepte für Personalentwicklung und Führung, die den Wissenschaftskontext und seine Gegebenheiten einbeziehen. Im Verwaltungsbereich begegnen wir anderen „Hürden" für die Etablierung einer Führungskultur. Die FH Potsdam ist eine vergleichsweise kleine Hochschule, d. h. die Möglichkeiten der Entwicklung von Personal im Sinne von Karriere und Aufstieg (so wird Personalentwicklung nach meinem Eindruck noch immer häufig verstanden) sind begrenzt und werden in Zeiten des Personal- und Stellenabbaus – der inzwischen auch die Hochschulen erreicht hat – nicht besser. Zudem sind wir durch kleine Organisationseinheiten gekennzeichnet – häufig ist der/die Vorgesetzte zugleich ein herausgehobener Sachbearbeiter/eine herausgehobene Sachbearbeiterin; für das Thema Führung bleibt kaum Zeit und es ist häufig auch im zur Verfügung stehenden Zeitkontingent nicht berücksichtigt.

Hinzu kommt, dass die Hochschulverwaltung in der Außenwahrnehmung ja in erster Linie „funktionieren" und den Wissenschaftsbetrieb unterstützen soll und nicht so sehr mit sich selbst beschäftigt sein. Da ist es manchmal auch innerhalb der Hochschule schwierig, die Vorteile der Stärkung von Personalverantwortung und Führungskultur und die hierfür erforderlichen Maßnahmen und

---

21 https://www.uni-marburg.de/qm/dokumente/handbuch_dek.pdf [19.11.2014].

insbesondere Kosten und Aufwände zu argumentieren. Ein Konzept zur Personalentwicklung gibt es an der FH nicht. Ich empfehle aber dringend, gerade bei kleineren Strukturen die Themen Personal- und Organisationsentwicklung zusammen zu denken. Die Hochschulen sind auf leistungsfähige Strukturen im Verwaltungsbereich angewiesen – dazu gehören selbstverständlich auch engagierte, motivierte und kompetent geführte Verwaltungsmitarbeiter_innen. Dies setzt wiederum voraus, dass die jeweiligen Vorgesetzten die Stärken ihrer Mitarbeiter_innen kennen und gezielt zu fordern und zu fördern wissen.

Eine Kultur entsteht nicht von heute auf morgen und auch nicht dadurch, dass man sie sich mit einem Konzept „verordnet". Wir arbeiten derzeit mit punktuellen und einzelnen Maßnahmen, probieren auch häufiger einmal etwas aus, haben also eher den Ansatz des „learning by doing". Wir versuchen, die Führungskräfte in ihrer Rolle zu stärken und ihnen gezielt Angebote zu unterbreiten, bspw. durch einen Leitfaden zu Mitarbeitendengesprächen und durch die gezielte Berücksichtigung des Themas Führung mit einem Zeitanteil in den Tätigkeitsdarstellungen. Angebote zur Entwicklung der eigenen Führungspersönlichkeit werden jetzt verstärkt nachgefragt. Aber das war ein kleiner Weg, denn das „Outing" eines Defizites, das offenbar nach wie vor mit der Anmeldung eines Fortbildungsbedarfes verbunden ist, ist nicht zu unterschätzen. Wir überlegen, gezielt Führungskräftetrainings als Inhouse-Schulung anzubieten, um den Vorgesetzten einen geschützten Raum auch für den Austausch untereinander anzubieten, und erhoffen damit zugleich einen Synergieeffekt für das Thema Organisationsentwicklung. Um das Bewusstsein auch für die „Organisation" Fachhochschule Potsdam zu stärken, haben wir uns vorgenommen, das Thema Willkommenskultur weiterzuentwickeln. Vor Kurzem haben wir hierzu erstmals eine Infowerkstatt durchgeführt – eine Art Einführungsveranstaltung für neue Mitarbeiter_innen, das nicht nur dem Kennenlernen der kleinen und großen Geheimnisse der FH dient, sondern zugleich als Vernetzungstreffen mit Gremienmitgliedern und Multiplikatoren/Multiplikatorinnen, die wir auch dazu einladen. Das Format der Infowerkstatt wollen wir zu regelmäßigen Informationsveranstaltungen zu bestimmten Themen (bspw. Wirtschaftsplan, Dienstreisen) ausbauen, um die Identifikation mit der FH Potsdam als Institution zu stärken, aber diese auch gemeinsam weiterzuentwickeln.

Literatur

Philipps-Universität Marburg (Hg.) (2014): *Handbuch für Dekaninnen und Dekane*. Marburg, online: https://www.uni-marburg.de/qm/dokumente/ handbuch_dek.pdf [19.11.2014]

4.3 Personalführung und Zielorientierung an Hochschulen – Entwicklungspotenziale für das wissenschaftliche Personal

Von Sven Binkowski/BTU Cottbus-Senftenberg

Hochschulen mit ihren sehr diversifizierten internen Anspruchsgruppen erfordern besondere Betrachtungen hinsichtlich der einzelnen Zielinteressen und der Vermittlung zwischen diesen. Die Personalführung versteht sich dabei als „Optimierung des Verhältnisses zwischen Führungskraft und Mitarbeitern im Hinblick auf eine weitgehende Integration von Unternehmens- und Individualzielen" (Scholz 2000:575). Die strategisch eher langfristig ausgerichteten Ziele der Hochschulen bzw. auch die wissenschaftlich sowie wirtschaftlich ausgerichteten Interessen der einzelnen Institute und Lehrstühle benötigen einen vergleichenden Abgleich mit den Individualzielen der akademischen Mitarbeiter_innen.

Individuelle Mitarbeitendenziele und ihr Bezug zu den gestellten Anforderungen

Die individuellen Ziele der akademischen Mitarbeiter_innen sind dabei insbesondere durch die berufliche und wissenschaftliche Abhängigkeit von den professoralen Zielen und der Führungskompetenz beeinflusst. Aufgrund der prekären Beschäftigung des akademischen Mittelbaus in Deutschland auf Basis des Wissenschaftszeitvertragsgesetzes sowie der wirtschaftlichen Restriktionen durch die sich ausweitende Drittmittelfinanzierung sind die befristeten Arbeitsverhältnisse (zwischen einem Monat und in der Regel drei Jahren) ein wichtiger Faktor für die persönliche Zielausrichtung. Ebenso besteht eine Abhängigkeit gegenüber den Lehrstuhlleiterinnen bzw. Betreuern hinsichtlich der wissenschaftlichen Karriere, wenn eine Promotion angestrebt wird. Generell muss jedoch nach dem Anstellungsverhältnis bzw. der Stellenbeschreibung unterschieden werden.

Ziele für die Universität/ Lehrstühle	Haushaltsfin. MA	Drittmittelfin. MA
Vielseitige, forschungs- und anwendungsorientierte kompetente Lehre	Erfüllung der Lehrverpflichtung und erfolgreiche Wissensvermittlung	
Output aus Forschungs- und Industrieprojekten	Wissenserwerb, Nutzung von Projektergebnissen für die eigene wissenschaftliche Arbeit	
Akquise neuer Projekte		Sicherung der eigenen Stelle
Qualitativ hochwertige Publikationen	Regelmäßig qualitativ hochwertig publizieren	
Ausbildung von DoktorandInnen und HabilitantInnen	Erreichung des wissenschaftlichen Abschlusses	
Positive Darstellung nach Außen und Reputation	Renommierte Hochschule/ Fachgebiet	

Abb. 11: Zielaspekte zwischen Hochschul-/Lehrstuhlleitung und akademischem Personal

In einzelnen Aspekten unterscheiden sich die individuellen Ziele bzw. Arbeitsanforderungen bei aus dem Landeshaushalt finanzierten Mitarbeitenden und den Drittmittel-Beschäftigten. Die Hauptaspekte zur Zielbetrachtung können grundlegend in die Lehraufgaben, Forschung, Projektarbeit, Publikation, Promotion und Reputation gegliedert werden (siehe Abb. 11).

Entwicklungspotenziale und Ansätze zur besseren Zielerreichung

Je nach Qualifikationsstand und Kompetenz neuer Mitarbeiter_innen ergeben sich aus den verschiedenen Zielanforderungen Entwicklungsnotwendigkeiten. Sobald etwaige Kompetenzlücken geschlossen werden können, ist eine effizientere Erreichung der persönlichen und institutionellen Ziele möglich. Hierbei kann die Weiterbildung als wichtigstes Instrumentarium gesehen werden. Gemeint sind dabei nicht die fachlich-methodische Kompetenzentwicklung in dem jeweiligen Fachgebiet des Mitarbeiters, sondern methodisch-soziale Kompetenzen, die unterstützend zu dem eigentlichen Fachwissen wirken.

Für den Lehrbereich sind dies insbesondere didaktische Fähigkeiten zur Vermittlung des Wissensstandes an Studierende (siehe Abb. 12). Bis auf wenige Ausnahmen kann davon ausgegangen werden, dass Nachwuchswissenschaftler_innen kaum eine entsprechende Ausbildung im Studium erhalten. Grundansätze sind zum Teil durch Tätigkeiten als Hilfskraft oder Tutor gegeben, sind aber für eine qualitativ hochwertige Lehre nur bedingt ausreichend. Daher sollte gerade für akademische Mitarbeiter_innen im Lehrbetrieb die didaktische Weiterbildung (wie sie z. B. bereits durch das Netzwerk Studienqualität Brandenburg sqb[22] angeboten werden) eine hohe Priorität bekommen, wenn nicht gar verpflichtend werden.

Im Rahmen der Forschungsarbeit besitzt auch das wissenschaftliche Arbeiten sowie das wissenschaftliche Schreiben eine hohe Relevanz. Auch wenn davon ausgegangen werden kann, dass durch den Abschluss eines Diplom- oder Masterstudiums die entsprechenden Fähigkeiten erlernt wurden, sind sie nicht immer vollumfänglich vorauszusetzen. Gerade die Freiheiten, die durch die Bologna-Reform für die wissenschaftliche Laufbahn gegeben sind, bedürfen hier zusätzlicher Angebote, um Fähigkeitslücken zu schließen. Fachtagungen und Kongresse ermöglichen einen detaillierten Einblick in den jeweiligen Wissenschaftsbereich und damit auch die angewandten Methoden. Aufgrund der finan-

---

22 Vgl. www.faszination-lehre.de [19.11.2014].

ziellen Restriktionen an den Hochschulen sind regelmäßige Teilnahmen für alle Mitarbeitenden derzeit kaum realisierbar, wenn nicht auf Drittmittelfinanzierungen zurückgegriffen wird. Es wäre notwendig, für solche Zwecke ausreichende, zweckgebundene Mittel bereitzustellen.

Gerade durch die restriktive Befristungspraxis für Nachwuchswissenschaftler_innen (maximal zweimal drei Jahre für die haushaltsfinanzierten Mitarbeiter_innen und projektlaufzeitgebundene Beschäftigung für Drittmittel-Mitarbeiter_innen) ist ein effizientes Arbeiten an der eigenen Forschungsarbeit wichtig. Das Promovieren muss dann in die eigentliche Arbeitsaufgabe integriert werden oder parallel dazu erfolgen. Dafür ist ein gutes Zeit- und Selbstmanagement unerlässlich. Nicht jeder ist von sich aus hinreichend organisiert, um solch ein langfristiges Projekt kontinuierlich vorantreiben zu können. Bereits die Umstellung der eigenen Arbeitsweise bzw. der Einsatz einfacher Arbeitstechniken kann hier hilfreich sein. Neben entsprechenden Weiterbildungsveranstaltungen sind auch Graduiertenkollegs oder die Doktorandenwerkstatt (etwa der BTU Cottbus-Senftenberg) gute Möglichkeiten, Arbeitsweisen, Lösungsansätze oder Methoden kennenzulernen.

Sowohl für die Verlängerung der eigenen Arbeitsstelle als auch die spätere wissenschaftliche Laufbahn ist es unerlässlich, die einschlägigen Förderprogramme (z. B. der DFG, des Wissenschaftsministeriums, diverser Stiftungen oder Fachverbände) zu kennen sowie über die Anforderungen für die Antragsstellung informiert zu sein. Über die Vermittlung am eigenen Lehrstuhl hinaus werden entsprechende Informationsveranstaltungen von Kolleginnen und Kollegen immer wieder gewünscht. Regelmäßige qualifizierte Programme zu solchen Themen können zum einen die Erfolgsquote von gestellten Anträgen verbessern und zum anderen auch die Vision einer weiterführenden wissenschaftlichen Laufbahn vermitteln.

Abb. 12: Maßnahmen zur Förderung der Ziele wissenschaftlicher Mitarbeiter_innen

Insgesamt ist jedoch entscheidend, ob Maßnahmen zur Förderung des akademischen Mittelbaus an den Hochschulen etabliert werden und ob eine Führungskultur existent ist, die die notwendigen Freiheitsgrade für die Nutzung der Programme zur Verfügung stellt. Qualifizierung und Kompetenzerwerb lassen sich weder gegenüber den Mitarbeitenden noch der Führungsebenen erzwingen. In vielen Struktureinheiten wird die Kompetenzentwicklung bereits aktiv unterstützt, dennoch gibt es viele Bereiche, in denen die Notwendigkeit nur unzureichend erkannt wird. Über die Schaffung langfristiger Traditionen, gelebte Vorbilder oder die Etablierung von Anreizsystemen lassen sich durchaus Barrieren abbauen.

Literatur

Scholz, C. (2000): *Personalmanagement. Informationsorientierte und verhaltenstheoretische Grundlagen*. München

Zusammenfassung und Ausblick

Von Nadja Cirulies/SEWKHO

Personalentwicklung bedeutet heute nicht nur, gesetzliche Vorgaben einzuhalten (z. B. bei Qualifizierungen zum Arbeitsschutz) und Weiterbildungsangebote externer Bildungsdienstleister_innen an die Beschäftigten weiterzuleiten. Wer derzeit systematisch Personalentwicklung betreibt, hat sowohl Standortfragen, Wettbewerb und Veränderungsmanagement im Blick als auch Commitment, Arbeitsklima, Gesundheit und auch die Beschäftigungssicherheit aller Mitarbeiter_innen der Organisation. Darüber besteht weitgehend Konsens.

Personalentwickler_innen und Beschäftigte in Hochschulen kommen deshalb derzeit übereinstimmend zum Ergebnis: Das Feld der „Personalentwicklung im Hochschulkontext", in dem wissenschaftliches Personal *und* Mitarbeiter_innen der zentralen Einrichtungen und der Verwaltung gleichermaßen zu den Zielgruppen gehören, ist heute bundesweit maximal eine Idee, noch lange keine Praxis.

Mit dem *Beitrag von Frau Donnermann* von der Universität Bremen haben wir ein seltenes Beispiel des erfolgreichen Aufbruchs in Richtung „Personalentwicklung im Hochschulkontext" auf unserer Fachtagung gehört. Ihre Erfahrungen zeigen, wie langsam sich zwar die Mühlen in der Organisation drehen, aber wie weit man durch

- eindeutige Verantwortungszuweisung und Aufgabenverteilung auf Leitungsebene,

- klare Strategieplanung, Steuerung und Erfolgskontrollen,

- hartnäckige und langfristige Fokussierung auf Personalentwicklungsthemen,

- aktive Einbindung aller Beteiligten, insbesondere der Führungskräfte und

- Kommunikation, Kommunikation, Kommunikation auf allen Ebenen

kommen kann. Das ist zwar insgesamt nicht neu – im Hochschulkontext jedoch höchst selten in dieser Qualität anzutreffen. So waren sich alle Zuhörenden einig, dass die Beispiele aus den Bereichen Qualitätsmanagement, Führungskultur und Verwaltung viele engagierte Nachahmer_innen in den Präsidien der Hochschulen (nicht nur in Brandenburg) finden sollten.

Auf der nachfolgenden *Podiumsdiskussion* äußerten sich drei Präsidiumsmitglieder aus den Hochschulen und ein Vertreter der Gewerkschaft ver.di zum Thema „Personalentwicklung zwischen Innovationsdruck und Ressourcenknappheit". Hier wurden einige Erfahrungen, die im Vortrag von Frau Donnermann genannt wurden, aus der eigenen Praxis (z. B. im Gesundheitsmanagement oder Qualitätszirkel) bestätigt. Gleichzeitig wurde auf die brisante Situation in Brandenburg bezüglich der Bildungsfinanzierung und der chronischen Unterfinanzierung der Hochschulen durch das Land hingewiesen. Darüber hinaus wurde betont, dass die Möglichkeiten eines Hochschulpräsidiums, nachhaltig und konsequent Einfluss zu nehmen, nicht überschätzt werden dürfen. Die Verantwortung und Mithilfe der Mitarbeiter_innen selbst wurde betont.

Weitere Schwerpunkte im Austausch miteinander auf dem Podium waren die Wechselwirkungen zwischen Mensch und Organisation in Veränderungsprozessen und das Lernen, das von allen Mitgliedern einer Organisation dementsprechend Voraussetzung *und* Konsequenz sein muss. Dabei erhielt die Beteiligungsorientierung einen besonderen Stellenwert. Es wurde im Gespräch auch ein kurzer Vergleich zwischen (öffentlicher) Bildungseinrichtung und Wirtschaftsunternehmen angestellt, der darauf abzielte, die Übertragung von erfolgreichen Personalentwicklungsstrategien aus der Wirtschaft in die Hochschule stärker in Erwägung zu ziehen – ohne die Unterschiede beider Welten zu vernachlässigen. Hochschulen sind partizipativer und weniger hierarchisch organisiert als Wirtschaftsunternehmen. Das kann positive Auswirkungen auf die Innovationsfähigkeit haben, und Hochschulen bergen somit durchaus Chancen, neue und erfolgreiche Strategien in der Personalentwicklung zu kreieren und dieses Wissen wiederum in die Wirtschaft zu exportieren, in der die Hierarchien ebenfalls abzuflachen beginnen.

Aus gewerkschaftlicher Perspektive wurde einmal mehr der Blick auf die Beschäftigungsbedingungen an Hochschulen geworfen. Damit einher ging die These, dass Personalentwicklung nur dann erfolgreich sein kann, wenn es gelingt, die derzeit 85 Prozent befristet Beschäftigten in der Wissenschaft in wesentlich besser gesicherte Beschäftigungsverhältnisse zu bringen, aus denen heraus sie eine wissenschaftliche Laufbahn planen können. Besonders prekär wurden die unsicheren Kriterien bei der Aufstiegsqualifikation in der Wissenschaft gesehen. Kritisch angemerkt wurde vor allem, dass viele Versuche, die Lage des sogenannten wissenschaftlichen Nachwuchses auf Bundesebene strukturell zu verbessern, bei Verantwortlichen vor Ort auf Widerstand stößt, der mit „Autonomie der Hochschule" begründet wird. Das Problem der dauerhaften beruflichen Unsicherheit in wissenschaftlichen Laufbahnen ist bundesweit bekannt und gehört somit zu den Grundproblemen, mit denen sich auch die Personalentwicklung vor Ort beschäftigen und auseinandersetzen muss.

Als eine Möglichkeit, mit Stellenabbau und unsicheren Finanzierungssituationen im Drittmittelbereich umzugehen, werden Kernprozessanalysen und Ablaufoptimierungen in der Organisation gesehen. Hier gibt es bereits erste gute Erfahrungen bei der Ressourcenoptimierung und bei der Verbesserung von Projektanbindung in verschiedenen Bereichen. Die Rolle der Professoren und Professorinnen als zentrale Akteure der Personalentwicklung im wissenschaftlichen Bereich wurde betont und über Widerstände aus dieser Gruppe als auch den Umgang damit als Personalentwicklungsverantwortlicher diskutiert.

Im anschließenden *ersten Forum* wurde diesen Fragen nachgegangen: Was soll Gesundheitsmanagement im Kontext von Arbeitsverdichtung, befristeter Beschäftigung und demografischem Wandel an Hochschulen leisten? An welchen Brennpunkten soll es ansetzen, und wie kann es nachhaltig implementiert werden? Der erste Beitrag lieferte neben einer Definition, was unter Gesundheit auf Organisationsebene zu verstehen ist und welche Eigenschaften damit verbunden werden, die Eckpunkte und Leitlinien eines erfolgreichen Betrieblichen Gesundheitsmanagements (BGM). Der zweite Beitrag enthielt erste Umsetzungserfahrungen aus einer Hochschule, die seit dem Frühjahr 2013 dabei ist, ein ganzheitliches Gesundheitsmanagement einzuführen. Dabei konnte die Hochschule auf viele bereits länger existierende Maßnahmen aufbauen und wird sie in Zukunft ausbauen, ergänzen, evaluieren und weiterentwickeln. Auch der dritte Beitrag stellte Erfahrungen und Ergebnisse aus einer Hochschule vor, die sich bis 2008 zurückverfolgen lassen. Spannend war die Strukturierung in sechs Aktionsfelder und die Verankerung im Leitbild der Hochschule seit 2011. Deutlich wurde auch, wie viele Querschnittsthemen sich mit dem Thema Gesundheit verbinden, wie z. B. Familienfreundlichkeit, und wie stark der Netzwerkcharakter des Managements ist. In der abschließenden Diskussion wurden weitere Aspekte wie Alter und Geschlecht thematisiert und das Gesundheitsmanagement einheitlich als Daueraufgabe in der Hochschule gesehen, das einer konsequenten Steuerung durch mehrere Verantwortliche bedarf.

Das *zweite Forum* basierte auf der These „Qualitätsmanagement bedeutet weit mehr als nur die Qualität der Lehre!" und ging diesen Fragen nach: Welche Felder umfasst ein ganzheitliches Qualitätsmanagement an Hochschulen? Was haben ein wirksames Qualitätsmanagement und strategische Personalentwicklung miteinander zu tun? Dazu wurde im ersten Beitrag aus einer Hochschule berichtet, wie und mit welchen Ergebnissen der Weg zu einem Qualitätsmanagementsystem (QMS) beschritten wurde. Zentrale Aktivitäten waren die Erstellung einer umfassenden Prozesslandkarte, Mitarbeiterbefragungen und die Einbindung der Qualitätsthemen in das Leitbild der Hochschule. Die Wechselwirkungen zwischen Personalentwicklung und Qualitätsmanagement wurden deutlich. Im zweiten Beitrag ging es um die Systemakkreditierung, der ein kennzahlengestütztes und prozessorientiertes QMS zugrunde liegt. Hier lässt sich der Bezug zur Personalentwicklung deutlich bei der Ableitung von Maßnahmen zur Qualitätssicherung und -verbesserung erkennen. Der dritte Beitrag enthielt Ergebnisse aus der Einführung der *Human Resources Strategy for Researchers* (HRS4R), in der die Umsetzung des *European Charter and Code for Researchers* in die Praxis angestrebt wird. Dazu wurden u. a. Erhebungen in Bezug auf Weiterbildung und Förderung von Wissenschaftlern und Wissenschaftlerinnen in der Hochschule gemacht, die ambivalente Ergebnisse brachte. Sie bilden die Grundlage für konkrete Verbesserung der Arbeitsbedingungen in der Wissenschaft, indem Maßnahmen abgeleitet und umgesetzt werden. Der vierte und letzte Beitrag enthielt Ansätze und Instrumente zur Gleichstellung der Geschlechter, wie sie in einer der Verbundhochschulen eingesetzt werden. Dabei werden sowohl externe Maßstäbe angelegt (z. B. mit dem „audit familiengerechte hochschule" der Hertie-Stiftung) als auch interne Ansätze (Evaluation auf Datenbasis) nutzbar gemacht. Hier wird besonders auf die Genauigkeit geschaut, mit der die Situation bezogen auf die Geschlechter geprüft wird, um dann wiederum wirksame Maßnahmen abzuleiten. Nur eins von vielen Beispielen für eine solche Maßnahme sind Weiterbildungsangebote speziell für Frauen in Führung. Wichtig ist, das Gleichstellungskonzept als festen Bestandteil eines ganzheitlichen Qualitätsmanagements zu begreifen.

Im *dritten Forum* tauschten sich die Forumsteilnehmer_innen darüber aus, wie individuelle und organisationale Entwicklungspotenziale sowie Weiterbildungsbedarfe ermittelt und bedarfsgerechte Angebotsformen konzipiert und nutzerspezifisch bereitgestellt werden können. Dazu wurde im ersten Beitrag ein Beispiel gegeben, zu welchen unterschiedlichen Aussagen welche Daten erhoben werden können und wie weit die Aussagen reichen, die danach getroffen werden können. Es wurden mögliche Ziele der Datenerhebung benannt, qualitative sowie quantitative Erhebungsmethoden diskutiert sowie Datenschutzaspekte angesprochen. Regelmäßige Befragungen werden als eine beteiligungsorientierte Möglichkeit eines aktiven Kulturwandels in vielerlei Hinsicht (hier z. B. zu mehr Familienbewusstsein) gewertet. Der zweite Beitrag enthielt den Bericht der Projektleiterin des Projektes SEWKHO über die Bedarfsermittlung zur Weiterbildung an den vier Verbundhochschulen. Auch hier wurden quantitative und qualitative Methoden eingesetzt, die einander ergänzen. Eines der Ergebnisse war, dass mit Weiterbildung häufig noch viel zu sehr ausschließlich fachlich-methodische Themen und zu selten soziale und personale Kompetenzen assoziiert werden. In der nachfolgenden Diskussion ging es vor allem um die Frage, welche Erhebungsmethoden ressourcenschonend und mit brauchbaren Resultaten im Hochschulkontext eingesetzt werden können.

Das *vierte Forum* thematisierte diese Fragen: Wenn Hochschulen sich in Leitbild, Selbstverständnis und in den Organisationsstrukturen verändern – was bedeutet das für Führungskultur und -handeln? Welche Herausforderungen stellen sich in den verschiedenen Bereichen wie z. B. Forschung, Lehre oder Verwaltung? Im ersten Beitrag wurde die derzeitige allgemeine Sicht auf Führung und Führungskultur kritisch betrachtet und auf ihren inhaltlichen Gehalt geprüft. Dabei wurde auf Erfahrungen aus den Führungskräfteseminaren des Projektes SEWKHO zurückgegriffen. Und auch hier steht die Frage, inwiefern Strategien und Techniken aus der Wirtschaft übertragbar sind, im Raum. Ohne sie abschließend zu beantworten, wurde deutlich, dass Hochschulen sich am Ende dazu positionieren müssen, wenn sie beginnen wollen, Führung als Aufgabe von Professoren, Dekaninnen und Projektleiterinnen zu definieren und für diese Aufgabe konsequent zu qualifizieren. Der zweite Beitrag betrachtete die Führungskultur an einer Fachhochschule. Sie ist demnach durch Heterogenität bestimmt sowie durch die Tatsache, dass viele der führenden Mitarbeiter_innen sich selbst nicht als solche sehen. Demgegenüber stehen Versuche der Personalabteilung, das Bewusstsein für Führungsaufgaben zu stärken und Qualifizierungen anzubieten. Dabei wurde deutlich: Eine Kultur entsteht nicht von heute auf morgen, sondern bedarf der wiederholten Arbeit an den Themen. Eine besondere Chance liegt dabei in der Vernetzung von Betroffenen. Im dritten und letzten Beitrag des Forums ging es um die Passung zwischen den Entwicklungspotenzialen des wissenschaftlichen Personals und den Hochschulzielen, bei denen die Führungskultur eine zentrale Rolle spielt. Deutlich wurden die Schwierigkeiten, individuelle und organisationale Ziele unter einen Hut zu bekommen, wobei durchaus auch Schnittmengen zu beobachten sind. Helfen können aber auch Übersichten, in denen typische Entwicklungsbereiche beider Seiten aufgelistet und miteinander abgeglichen werden können. Als ein ewiger Hemmschuh für die Prozesse wird auch hier die restriktive Drittmittelbeschäftigung genannt. Jede noch so gute Personalentwicklung kann daher nicht über die seit Jahrzehnten

andauernde ausweglose Lage der sogenannten Nachwuchswissenschaft-
ler_innen hinwegtäuschen.

Ausblickend lässt sich feststellen, dass die einzelnen Ansätze in den Hochschulen vielversprechend sind. Auf ihrer Basis lassen sich die zentralen Handlungsfelder der Personalentwicklung (wie z. B. Führungskultur, Qualitätsmanagement, Gesundheitsmanagement) durchaus mit ein wenig Aufwand
aufbauen und stärken. Das Bewusstsein der Notwendigkeit und das Wissen, wie
das funktionieren kann, ist noch längst nicht überall in gleichem Maße vorhanden. Es bleibt noch viel zu tun, bis tatsächlich die Gesamtheit der an einer Hochschule Tätigen das Thema Personalentwicklung für sich als relevant erachtet.
Aber mit steigendem Wettbewerbsdruck, mit zunehmend veränderter studentischer Klientel und mit der organisationalen Weiterentwicklung der Systeme
werden auch diese Themen wachsen und an Bedeutung gewinnen. Nicht ver-
schwiegen werden soll jedoch die Aufgabe der Länder – hier im Speziellen des
Landes Brandenburg – die Rahmenbedingungen für die Arbeit an Hochschulen
für alle Mitarbeitendengruppen zu verbessern und den Beschäftigungsstruktu-
ren endlich den Stellenwert einzuräumen, den es für den Erhalt und den Ausbau
guter Bildungseinrichtungen braucht.

Die Beiträgerinnen und Beiträger

Dr. Kristine Baldauf-Bergmann ist Projektleiterin des Projektes „SEWKHO – Strukturentwicklung von Weiterbildungskulturen an Hochschulen" und stellvertretende Geschäftsführerin im Netzwerk Studienqualität Brandenburg (sqb).

Heike Bartholomäus ist Mitarbeiterin im Büro der Gleichstellungsbeauftragten als Koordinatorin des Exzellenzprojekts „PROF.FEM – professura feminea" sowie Referentin für Gender und Familie der Brandenburgischen Technischen Universität Cottbus-Senftenberg.

Birgit Berlin ist Projektkoordinatorin der Projekte „Gesundheitsmanagement" sowie „Diversity Management" an der BTU Cottbus-Senftenberg.

Dr. Sven Binkowski war wissenschaftlicher Mitarbeiter an der Fakultät 3, Lehrgebiet Arbeitswissenschaft und Arbeitspsychologie, und ist aktuell Leiter des VB 3.2 Buchhaltung und Steuern an der Brandenburgischen Technischen Universität Cottbus-Senftenberg.

Jörg Cirulies ist Geschäftsführer des Vereins ABF – Arbeit, Bildung, Forschung e. V. (www.abfev.de). Der ABF ist Träger des Projekts „SEWKHO – Strukturentwicklung von Weiterbildungskulturen an Hochschulen".

Dr. Nadja Cirulies ist Initiatorin und Projektmitarbeiterin im Projekt „SEWKHO – Strukturentwicklung von Weiterbildungskulturen an Hochschulen" und freiberufliche Trainerin und Beraterin (www.schnittstellentraining.de).

Bettina Donnermann ist wissenschaftliche Mitarbeiterin des Referates Personalentwicklung an der Universität Bremen.

Cäcilia Lenz-Müller ist Mitarbeiterin bei Arbeit Bildung, Forschung e. V. und freiberufliche Trainerin, u. a. mit dem Schwerpunkt Betriebliches Gesundheitsmanagement.

Judith Malkowski ist Koordinatorin des FAMteams und Mitglied der Steuerungsgruppe Gesundheitsmanagement an der Fachhochschule Potsdam.

Ole Peters ist Akkreditierungsbeauftragter der Technischen Hochschule Wildau.

Yvonne Plaul ist Leiterin der Abteilung Personal der Fachhochschule Potsdam.

Andrea Schmid ist Qualitätsmanagementbeauftragte der Technischen Hochschule Wildau.

Dr. Petra Schmidt-Wiborg ist Zentrale Gleichstellungs- und Familienbeauftragte an der Brandenburgischen Technischen Universität Cottbus-Senftenberg (Campus Senftenberg und Campus Cottbus-Sachsendorf).